TRUE
PROFESSIONALISM
The Courage to Care about Your People,
Your Clients, and Your Career

专业主义

[美] 大卫·梅斯特 著 吴卫军 朱小英 译
David H. Maister

图书在版编目（CIP）数据

专业主义/（美）大卫·梅斯特（David H. Maister）著；吴卫军，朱小英译．—北京：机械工业出版社，2019.7（2024.4重印）

书名原文：True Professionalism: The Courage to Care about Your People, Your Clients, and Your Career

ISBN 978-7-111-63161-3

Ⅰ. 专… Ⅱ. ①大… ②吴… ③朱… Ⅲ. 服务业－企业管理 Ⅳ. F719.1

中国版本图书馆CIP数据核字（2019）第262866号

北京市版权局著作权合同登记　图字：01-2019-3268号。

David H. Maister.True Professionalism: The Courage to Care about Your People, Your Clients, and Your Career.

Copyright © 1997 by David H. Maister.

Simplified Chinese Translation Copyright © 2020 by China Machine Press.

Simplified Chinese translation rights arranged with David H. Maister through Andrew Nurnberg Associates International Ltd. This edition is authorized for sale in the Chinese mainland (excluding Hong Kong SAR, Macao SAR and Taiwan).

No part of this book may be reproduced or transmitted in any form or by any means, electronic or mechanical, including photocopying, recording or any information storage and retrieval system, without permission, in writing, from the publisher.

All rights reserved.

本书中文简体字版由David H. Maister通过Andrew Nurnberg Associates International Ltd. 授权机械工业出版社在中国大陆地区（不包括香港、澳门特别行政区及台湾地区）独家出版发行。未经出版者书面许可，不得以任何方式抄袭、复制或节录本书中的任何部分。

专业主义

出版发行：机械工业出版社（北京市西城区百万庄大街22号　邮政编码：100037）
责任编辑：冯小妹　　　　　　　　　　　　　责任校对：李秋荣
印　　刷：北京建宏印刷有限公司　　　　　　版　　次：2024年4月第1版第8次印刷
开　　本：170mm×230mm　1/16　　　　　　印　　张：14
书　　号：ISBN 978-7-111-63161-3　　　　　定　　价：89.00元

客服电话：（010）88361066　68326294

版权所有·侵权必究
封底无防伪标均为盗版

谨以此书献给凯西

赞 誉
TRUE PROFESSIONALISM

这本书一直被视为研究专业主义的经典著作，吴卫军先生主持翻译，准确、流畅，再现了梅斯特对专业主义精神的诠释。值得推荐给专业人士一读。

巴曙松教授

北京大学汇丰金融研究院执行院长

香港交易所首席中国经济学家

中国银行业协会首席经济学家

在专业服务领域的职业道路上，保持初心成为一项至关重要的特质。梅斯特的《专业主义》教导我们，无论从客户、个人职业还是整合社会层面，如在制定决策时始终如一地遵循核心准则，即能以不变应万变。

蔡永忠

德勤中国主席

梅斯特之于专业服务公司的战略研究，犹如科特勒之于营销学！《专业主义》是每一个专业服务公司人员必读之书！秉承专业主义，为客户创造价值。

曹虎

科特勒咨询集团（KMG）中国区总裁

成为客户值得信赖的顾问（trusted advisor）一直是咨询从业者的最高目标，大卫·梅斯特对咨询行业的洞见、观察与建议，对奥美同事裨益良多。大卫·梅斯特在《专业主义》中告诉我们：充满热情地工作，严守高标准的专业服务与价值观，以及真诚地关心客户与团队，是发挥专业精神的不二法门。相信本书中文版的面世，必定会造就更多令客户满意、令个人满足的专业人士。

俞竹平

奥美中国公关与影响力总裁

梅斯特所说的专业主义，换言之就是专业和敬业，这是匠人精神的根本。有了这些精神，人们不仅仅把工作当成赚钱谋生的工具，更是秉着对职业的执着，对工作负责的态度，将一丝不苟的工匠精神融入设计施工中的每一环节。

徐晓霞

《INTERIORS 空间设计》杂志出品人

北京中天鸿业装饰有限公司董事长

深刻、风趣、务实！梅斯特的著作结合了理论与实践，以坚实的理论为基础，本书为每一位参与专业服务公司管理的人提供实用的日常参考。

托马斯·蒂尔尼，贝恩咨询公司全球总经理

大卫·梅斯特是专业服务领域的专家。时常阅读他的著作、聆听他的教诲对任何专业服务管理者来说都是一项大有裨益的习惯。

约翰·哈维，普华永道澳大利亚

真正的专业主义精神犹如金矿。你可以在整个职业生涯中一直挖掘下去，而且会不断发现新的矿藏。

詹姆斯·库泽斯，《领导力》和《信任》作者之一

大师从来不与胆小懦弱的人为伍。如果你还没有做好准备开口来问这些有关你公司的难题，那么不要打开这本书！

阿德里安·马丁，英国德豪会计师事务所管理合伙人

大师的想法对各种专业服务行业都适用，且不论公司大小。这本书就是写给所有专业人士看的。

汤姆·沃森，宏盟集团副主席

梅斯特的语言富有感染力，引发多角度的思考，激发灵感。他对传统思维提出质疑，针对一系列重要问题提出了新颖的见解。

马丁·索瑞尔，WPP 集团董事会主席

大卫·梅斯特对什么能为专业服务公司带来成功有着深刻的认识，而且他能将那些真正带来改变的观点清楚地表述出来。

小皮特·史密斯，华信惠悦咨询公司总裁兼首席执行官

大师的书如同他的人一样，生动，有趣，富有洞察力。他总能引发读者深入思考。

小约翰·韦斯科特，波士顿黑尔—多尔合伙公司助理管理合伙人

大卫·梅斯特是活生生的矛盾集合体，一位务实的远见者。本书对专业服务公司进行了细致入微的分析，对每一位想在专业服务公司中成为领导者、管理者的人来说都是必读书目。如果你希望你的组员能够齐声合唱，那么这本书绝不会让你失望——最好也让他们一起来读。

罗伯特·海勒，克莱默—莱文—纳夫塔利斯—弗兰克尔律师事务所

大卫·梅斯特对专业服务的了解无人能及。

弗格斯·瑞安，澳大利亚安达信会计师事务所管理合伙人

大卫·梅斯特集知识、洞察力、忠于内心和幽默于一身。你可能不一定完全同意他的观点，但是他总能引发你的思考。

劳伦斯·格伯，麦克德莫特—威尔—埃默里律师事务所

大卫·梅斯特有一种绝无仅有的本领，总能清楚地告诉你如何将管理原则落到实处。看起来每一篇文章都有一些内容可以借鉴到我们律所的管理之中。

约翰·拉尔森，布罗贝克—弗莱格—哈里森律师事务所

这本书密集地涵盖了作为一位管理者很少花时间去想透的众多问题。它是智慧之碑，也是专业服务公司的全球标杆。

伯纳德·库尔托，法国库尔托集团

梅斯特告诉了我们如何能够克服将管理咨询作为一项职业和作为一个公司之间存在的显著矛盾。他的书无论是对大型咨询公司的高管，还是对独立执业的专业人士都具有很高的实用性。

罗兰·贝格，德国罗兰贝格咨询公司主席

大卫·梅斯特的书如此清晰明了，如此精彩，如此直击要害，以至于我希望我的竞争者们没有机会读到他的书。如果他们读到了，他们必然就会立即行动起来，为自己和所在公司打造出更好的前景。

路易斯·范伦奈普，荷兰黑石律师事务所

| 译者序 |
TRUE PROFESSIONALISM

发现专业主义的美

梅斯特于 2001 年创作出版了《专业主义》一书，从"人才、专业服务公司和客户"三个维度对"什么是专业主义精神、如何坚持专业主义精神"给予了详细的阐释和建议。这本书鼓励专业人士鼓足勇气，集聚力量，守本心，行正道，并为培养和发展坚守专业主义的卓越服务团队，打造一流的专业服务组织提出行动向导，帮助专业人士实现更好地服务客户、服务经济和服务社会的职业目的。

专业主义（professionalism）中最主要词源的意思是声称和发誓（fess），其词缀包括：公开支持（pro）、行为（ion）、人（al）和主义（ism），意思可以理解为"公开发誓，支持以……为职业，关注自己的行为，坚持自己的服务准则"。医生要对病人生命负责，律师要对行为善恶和社会公正进行评判，会计师要对企业账目的公允真实负责，这都是专业主义在现实中的具体落脚点。专业主义虽然以理性的专业知识为基础，但其精神却生发于内心的感性冲动，拥抱服务客户、服务经济和服务社会的家国情怀，需要专业人士将理性的把握与感性的演绎完美结合。我们赞成梅斯特的观点，在全球范围内，凡是能够脱颖而出的专业服务公司都是惊人的相似——它们的成功都在于对价值观的严格遵从，对专业主义精神的严格遵从。

如何培养自己的专业主义精神，成为一名优秀的专业人士，成功之道是什么？梅斯特的《专业主义》这本书，可以称得上是专业人士自我晋级的秘籍：专业主义精神是一种态度而不是一系列技能，心怀快乐，不留遗憾，保持激情，永远学习新的东西，投资于不计费工时，接受他人的监督，促进自己成就非凡的成绩，用热情感染团队，让同事受益并督促其成长，让自己值得被跟随。这些建议不仅充满智慧，而且富有哲理。对于天天忙碌不堪的专业人士，建议抽点时间让自己空下来，把自己与梅斯特作品中提出的专业主义定义的框架对标一下，相信会有很大的益处。

专业人士、专业服务公司两者相辅相成，共生共赢。专业人士向客户提供服务，专业服务公司则获得品牌和声誉，好的品牌可以聚集更多优秀的人才，进而形成专业人士更为强大的服务能力。如果所在的公司管理不善，专业人士无论如何坚持专业主义精神，保持追求卓越的激情，他可能顶多也只能成为一名优秀的个体户，而不是专业服务公司的合伙人。梅斯特在书中就专业服务公司的管理列举了很多具体的建议，比如将共同的价值观落实在实际行动中，及时对偏离卓越的情形进行纠正，对偏离卓越的员工进行闭门讨论和辅导，主要考核公司或部门而非个人的业绩以提倡互相帮助，建立"我为人人，人人为我"的相互忠诚的合伙文化，基于精诚合作和同心协力促进跨业务线销售，建立强于对手的技能培训体系，强调专注于人才的专业公司并购，勇于成为变革的领导者而非控制者等。结合自己的从业经验和体会，我们觉得，对正在成长起来的新一代中国专业服务公司的管理者而言，这些建议具有很现实的参考意义。

如何服务客户，是专业主义精神最为直接的体现。梅斯特强调，信任是专业主义精神的基础。是让客户相信你只是想要赚钱，还是相信你真实地关注、关心他们，真诚地想要提供帮助？专业主义精神不是光说不练的假把式，假装真诚不是专业人士的做法。所有的客户都是非常聪明的，只有你付出真心、真切地关注客户时，客户才会自发地向朋友推荐你。由于中国区域经济发展的不平衡、地域文化和企业规模差异比较大，在提供专业服务时，会发现客户差异化程度很高。在这种情况下，坚持专业主义变得更加有意义。专业人士的成功，不应只是金钱或者专业成就，这些都是提供卓越客户服务过程中附带的结果。

由于译者水平有限，并且都在会计师事务所工作，对其他服务行业的理解恐怕会比较狭隘，翻译中的错误在所难免，敬请读者原谅。然而，我们作为专业人士，亦在尽力追求专业主义精神。我们本着对梅斯特的敬佩之心，开展了具体的翻译工作，相信这本书值得各位同仁阅读，而且阅读之后，亦相信大家对于如何追求卓越、坚持专业主义精神会有更深的理解和把握。

大卫·梅斯特关于专业主义和专业服务公司的管理思想与彼得·德鲁克的通用管理思想是齐名的。作为四大会计师事务所的专业从业人员，我们很早就关注了他的管理著作，并有了将其引入中国、与中国日益成长的专业人士队伍分享的想法。2018年，我领衔完成了《值得信赖的顾问》《专业服务公司的管理》两本著作的翻译出版。这次和朱小英合作翻译《专业主义》，也是希望借此为中国的专业服务人士奉上更为体系化的世界大师级的思想盛宴。阅读此书，就等同梅斯特这位大师坐在你面前，给你辅导。

最后，引用麦当劳创始人雷·克拉克的一句话与大家分享：麦当劳想要获得成功，"必须能发现汉堡的美"。作为专业人士或专业组织，要想实现卓越，我们也必须"发现专业主义的美"！

吴卫军

2019 年 9 月 16 日于北京

译者简介
TRUE PROFESSIONALISM

吴卫军

德勤中国副主席、厦门国家会计学院兼职教授、英国特许公认会计师公会（ACCA）资深会员，提供专业服务超过30年。著有《走在会计发展和银行改革的前沿》，译有《专业服务公司的管理》和《值得信赖的顾问》。

朱小英

毕业于北京外国语大学，中国注册会计师。曾在国际四大会计师事务所审计部和税务部工作十余年。现任阿里巴巴集团高级税务经理。

致 谢
TRUE PROFESSIONALISM

首先,我要对我世界各地的咨询客户们说:感谢你们!你们给了我与你们共同探索的机会,甚至纵容我质疑神圣不可侵犯的信仰,(甚至在意见相左的情况下)鼓励我坚持思考,继续接纳我共事!我真心感谢你们为我创造的这些机会。

其次,我要感谢我的妻子凯西·梅斯特,她是一名富有智慧的顾问。在我们一同在全球各地旅行时,我们在千里之外的酒店、机场以及飞机上有着数不清的谈话,聊我的客户经验、我的想法,以及我在试图表达这些想法时做得好的和不好的地方。这些谈话极大地帮助我梳理自己的职业生涯。如果你能有一名好向导,帮助你从过往经验中吸取正确的教训,那么你过往的经验将会教给你很多东西。凯西就是这样一位非常出色的向导——她懂得如何在对的时间问对的问题,最重要的是,她会用正确的方式来提问。

再次,我要重点感谢莉·奥莱瑞对本书的重要贡献。她不仅是一位出色的业务经理,还是我的编辑。她仔细阅读我所有的文章,确保内容恰当,文字顺畅,以及(至少大致上)符合语法、拼写、标点使用等行文规则。直到她对文章给出意见之后(通常我都会接受),我才会发表出来。这本书中她的修改无处不在,她的加入让这本书变得更好。

我与Edge集团的帕特里克·迈金纳和格里·里斯金制订了一系列自我

导向的培训计划（包括视频），为我在本书中探讨的很多观点提供了非常有用的反馈和建议。

最后，我非常感谢刊登我的文章的各大期刊。这些文章最终组合成了这本书。尤其是《美国律师》和《法律服务》两本期刊，率先激励我完成并发表了本书中涵盖的众多文章，之后这些文章才有机会与更多行业的读者见面。我也很感激他们准许我写专业服务公司，而不会将我的题材限定在律所范围内。

大卫·梅斯特

梅斯特联盟股份有限公司

波士顿，美国马萨诸塞州 02117

电话：617-262-5968

传真：617-262-7909

邮件：David_Maister@msn.com

目 录
TRUE PROFESSIONALISM

赞誉
译者序
译者简介
致谢

引言：准则的力量 1

|第一部分| （主要）关于自己

1 **真正的专业主义精神** 14
什么是专业主义精神，什么样的管理方式才有利于专业主义精神的产生？

2 **你快乐吗** 23
在职业成就中，主动性和工作热情起到什么作用？

3 **不留遗憾** 31
你如何制定个人职业战略？

4 **进取者、安于现状者和失败者** 39
你如何确保职业发展全速前进？你如何来判断？

5 **关于时间** 47
专业工作中的关键业务流程是什么？你如何管理在这些方面的投入？

6 **你愿意被管理吗** 57
专业服务领域中，被管理与自主权如何保持平衡？

7 **我为什么要追随你** 67
作为专业人士的管理者应具备哪些关键特质？

| 第二部分 | （主要）关于专业服务公司

8 **实际行动中的价值观** 76
你"执行"价值观的严格程度如何？员工是否认为你严格执行了你的价值观？

9 **不妥协带来的好处** 85
作为一家专业服务公司，"不可妥协的"准则是什么？你如何确保你不会安于接受"还不错"的业绩评价？

10 **治愈的时间** 92
你如何营造团队合作的氛围？

11 **专业服务公司（应该）如何提高附加值** 100
你如何确保不仅公司的员工可以创造价值，而且公司本身也能提供价值？

12 **通往成功之路：技能训练** 107
你如何对技能训练进行投入和管理？

XVII

13 **你是什么类型服务的提供者** 117
不同类型的服务提供者都有哪些关键技能，它们之间存在哪些差异？

14 **管理客户的项目** 135
你如何跟踪记录单个项目的盈利性？

15 **为什么要合并** 146
专业服务公司的合并怎样才算明智之举？

16 **具有适应力的专业服务公司** 157
你怎么做才能时刻保持与时俱进和适应变化？

| 第三部分 |　（主要）关于你的客户

17 **真正的专业人士如何进行业务开发** 168
怎样才是成功的市场营销？与专业主义精神相比，结果如何？

18 **发现客户需求** 173
你如何明确客户对质量的定义？

19 **为什么跨业务线销售难以收到成效** 181
如何成功地进行跨业务线销售？

20 **评价市场营销的成果** 188
"更多的项目"和"更好的项目"有什么区别，你如何衡量？

21 **满意度保证** 199
你能/应该保证客户满意度吗？

引言：准则的力量

行业中的新意并不算多。想想你是不是常常将咨询建议的基本律条挂在嘴边——"倾听客户的心声，提供优质服务，培训员工，识别和消除效率低下之处，促进团队合作"。显然，搞清楚什么是正确的事并不难，困难在于找到勇气和力量，去做我们认为正确的事。

专业服务公司往往不惜耗费重金，设计各种制度、架构和现金激励，希望让员工做"正确"的事。然而这些措施不仅常常不尽如人意，还可能会惯坏员工胃口。"做就给钱"，跟专业主义精神无关。在与咨询客户讨论行动方案建议时，我常说："这是个好项目，也合乎专业主义精神和道德标准。"对于管理方法范畴的问题，进行质疑和否定相对容易。但对于准则，想要辨明是非却困难得多。

准则（或者价值观）是专业服务公司可采用的最有效的管理工具。成功的专业服务公司脱颖而出，不是因为它们别出心裁的目标、高人一等的策略，或者独树一帜的管理方法，这些在全球范围都惊人的相似。它们的成功多在于对价值观的严格遵从，即专业主义精神。

对于管理方法范畴的问题，进行质疑和否定相对容易。但对于准则，想要辨明是非却困难得多。

你会抬高或压低账单金额吗

举例来说，如果专业服务公司看重员工的个人计费工时（或者"有效工时"），并据此支付薪酬，那么这将会导致员工倾向于尽可能抬高每个项目的账单金额（甚至可能是下意识这样去做），由此获得更高的个人计费工时。久而久之，客户也定然会意识到，员工完成工作花费的工时越多，获得的报酬越高，这种制度将滋生效率低下（例如，在律师执业中，某些企业客户会聘请"法务账单审计师"来审查外聘律师的账单是否存在浪费、低效甚至舞弊的情况）。

显然，作为客户的服务提供商，在每个项目中兢兢业业，以最低的成本达成客户的目标才是合乎道德和专业性准则的做法。对工作成果收取高额服务费与降低工作效率并将客户资源用于不必要或者无意义的活动是性质完全不同的两码事。真正的专业人士不存在抬高客户账单的动机。他们深知，高效率在当下可能会导致收入缩减，却会因此收获诚实和诚信的良好声誉。不能有效使用客户资金资源的服务提供商将会很快失去客户的信任和信心。

那么，这到底是以道德标准为出发点，还是以"好项目"为出发点呢？两者皆是。两个出发点会得出同样的结论：与以降低效率换取的额外收入相比，良好的声誉更加可取。这点显而易见。可是经常在我提出上述观点的时候，很多专业人士表示怀疑。他们常常会问："市场要多久才能认可你的诚信和高效，才能真正带来新的业务机会呢？"答案是："很快。"客户很聪明，而且他们通常不只聘请一家服务提供商，他们能很轻易地分辨各家在质量、收费、服务以及工作态度上的差异。他们能够也确实反应迅速，毫不迟疑地选择高效的服务。

尽管工作效率问题的确属于道德范畴，却也没必要上纲上线。提高工作效率，不仅因为这是"好项目"，还因为提高工作效率是正确的事情。做正确的事情本身就是一个好项目。但在专业服务公司里我们也常听到这样的论调："我知道我现在的工作本来可以由费率较低的人员来完成，但如果我把工作分派给他们，我们的收入就会减少。"持上述观点的人需要的到底是专业知识的培训，还是行业道德准则方面的培训呢？

客户项目的管理

另一个例子是有关客户项目的管理。在我的另一本书——《专业服务公司的管理》（The Free Press, 1993）中，我曾建议要了解初级员工的过往项目经验及如下情况：

1. 分派工作时，他们是否充分了解自己需要承担的责任？

2. 他们是否了解自己的工作对实现项目整体目标的意义？

3. 他们能否及时获取完成工作所需了解的信息？

4. 他们能否得到恰当的指导，进行自我提升？

5. 他们能否及时得到工作的反馈，无论好坏？

6. 他们能否感到自己是运转良好的团队中的一员？

每次我与专业人士讨论上述问题，我都会问他们如果以上方面都能做得很好，可以得到怎样的回馈。他们常常提到以下方面：

1. 自我驱动的员工。

2. 更高质量的工作成果。

3. 员工专业技能和经验的提升。

4. 减少时间浪费。

5. 减少无法向客户收取报酬的无效工作。

6. 工作成果按时交付率提高。

7. 员工专业技能提升，往下分派工作更容易。

8. 释放合伙人时间，以便专注于高附加值的活动。

9. 客户将体验到更好的服务、更多团队协作、更强的主动性。

质量、效率、利润增长以及客户服务。这份收益清单真是不错！商业案例已经证实了如果能在上述方面表现良好，确实能收效甚佳。在项目管理上多花一点额外的时间，就能产生大幅财务（以及非财务）收益增长。然而，仍有很多专业人士持怀疑态度，认为他们太忙，实在抽不出时间。他们说，"客户不会为管理时间支付报酬。"

事实上，这不仅是一个错误的商业论断（良好的管理可以带来高投资回报），还涉及更深层次的道德问题。客户将自己的事情托付给专业人士，相当于说，"这是我的宝贝儿，请帮我照看好它。"作为专业服务提供者，你不能说，"反正我做的都是对的，是初级员工把孩子摔在地上，磕了脑袋。"

当你接受了客户的某项委托，良好的项目管理便不是可有可无。对客户项目管理的勤勉尽责是道德问题，关乎是否恪尽职守。这也关乎专业责任和专业主义精神。能做高回报的事情固然不错，但更重要的是要做正确的事情。然而，在很多专业服务公司中，做好项目管理只是额外加分项，却并不是常规要求。

> 对客户项目管理的勤勉尽责是道德问题，关乎是否恪尽职守。

关心客户

最后再举一个例子。在后面第17章中我提到，无论专业人士想向客户卖什么，客户的心里只会有一个问题："为什么你要卖给我这个？"客户可能会得出两个结论：其一，你只是想要赚钱。其二，你真实地关注、关心他们，真诚地想要提供帮助。

什么情况下才能达成交易呢？抛开道德问题不谈，答案也非常清楚。那就是只有当客户相信你是真实地关注、关心他们，并想提供帮助，你才可能赢得新业务。正直之道再次胜出。你可能还会说，专业人士的任务就是让客户以为你是真实地关心他们，即专业人士必须学会如何假装真诚（诚然，专业服务公司中很多销售培训课程充满了如此这般的小提示或者小技巧）。然而，假装真诚不该是专业人士的做法。这也许偶尔奏效，但与真心实意不可比拟。

> 只有当客户相信你是真实地关注、关心他们，并想提供帮助，你才可能赢得新业务。

这到底是出于道德标准的要求，还是合乎商业法则的建议呢？任选其一，你都会得出相同的结论。只要你能付出真心关心你的工作和你的客户，你将会源源不断地获得新的业务机会，被口口相传，互相推荐，并且客户也不会过多挑剔你的服务报价。而唯一剩下的问题就是你是否真的有勇气这样去做。

什么是专业主义精神

尽管本书涉及方方面面的内容很多，但最核心的主题仍是专业主义精神。我从有关"享受工作乐趣"和"持续提升自我"的一些思考展开，因为我认为真正的专业主义精神在于追求卓越，而不是只有竞争。很多专业人士表示，他们在工作中并没有火力全开，也很少有人会对工作中大部分内容充满激情。据我所知，很多专业人士都无法在工作中找到乐趣。士气低落和情绪低迷十分常见。

要命的是，这种情形将会直接影响专业服务公司的财务指标，尤其是只衡量工作数量而非质量的"产出"。很多专业服务公司不断强调，"笨蛋，这可是钱啊！"严格的财务控制也许能让员工有良好的合规性，却永远不能激发出创造卓越所需的超常的专注力和投入。

"享受工作乐趣"可能有多重含义，其中"快乐"和"满足"的意义并不相同。真正的专业人士会专注于追寻快乐，但不会陷于自我满足之中。只要致力于追寻真正的卓越，并严格恪守最高标准，专业人士和专业服务公司就可以把这种快乐（以及士气和工作热情）进行保鲜。这不仅会带来更大的专业成就，（超额）利润和满意度也将随之而来。

想要达成上述目标，个人和公司都必须认识到，"信奉的价值观"（人们宣称所信奉的价值观）和"行动的价值观"（在实际工作中遵从的价值观）是有差异的（此处借用了克里斯·阿吉里斯提出的概念）。本书将试图阐明如何能使专业人士的实际行动与他们所信奉的价值观保持一致。

在实操中，这意味着个人和公司都必须重新审视他们管理、评价和讨论的指标。如果看重某个方面，你就必须监督员工在这方面的表现，不能妥协接受低于最高标准的任何情况，在每次出现未能达到最高标准的情况时，要主动分析和思考如何进行改善。公司必须提供帮助和指导，帮助未能达成目标的员工重回正轨。也就是说，专业人士必须决定哪些方面会被"死死盯着"。过去他们的产出水平总是被盯着不放，而他们在客户服务、初级员工管理或者团队合作等方面的表现却少有人问津。

当员工确认了核心价值观之后，他们还需要一些制度来明确"违规后果"。公司让员工自行决定他们在公司的关键价值体系中所要达成的目标，相当于表明，公司作为一个团体本身并没有什么是必须要遵从的。于是在这些价值领域追寻卓越变成了个人的职业选择。但如果专业服务公司还寄希望于推行自己的价值体系，并享受在价值领域内实现卓越所带来的好处，这样做还不够。

"违规后果"必须，也应当具有惩罚性。员工必须明白，"你可以失败，但是不能不去尝试。"如果员工在追寻团队合作或项目管理或客户服务（或公司其他的核心价值）的最高标准的过程中遭遇困难，专业服务公司必须及时给予关注、支持、协助、指导等各种所需，帮助员工最终实现公司的价值。

这需要一种特殊的管理模式。管理者（或者团队负责人，或导师）必须密切关注、了解团队的进展情况，以便于迅速发现违反公司价值观的情形。管理者或团队负责人或导师还必须具备相应的意愿、技能和时间去帮助其他团员，提升他们在价值领域的表现。

除了从上至下贯彻执行共同价值观，还须有积极提供帮助的导师，才能不断修正团队协作，最终造就专业化的公司。只有共同的目标和价值观才能成就一个团队。只有组建甘愿为集体成果承担责任、为同事提供服务的导师队伍，专业服务公司才更有可能确保共同价值观得以实现。

这不是要启用新的薪酬体系。我的建议主要是采用新的业绩指标（对新价值领域的表现进行监测）和新的管理模式（提供反馈、指导和支持）。想通过"如果你违背了我们的价值观，我们只会降低你的薪资，但同时还放任你按照现在的方式继续行事"的方式来推动某项价值观往往是无法奏效的。

如果所有这些措施都不能让某个员工遵从公司的价值观，那么最终可能需要进行薪酬调整。对不能按照要求遵从公司价值观的员工进行薪酬调整应该作为第二顺位的应对措施。极端情况下，针对长时间内违反公司价值的员工，"劝退"可作为第三顺位的应对措施。但是，薪酬调整和劝退都预示着公司的核心体系失灵，无法实现相关价值领域最高标准：因为员工已尽其所能，且同事们也提供

> "违规后果"必须，也应当具有惩罚性。员工必须明白，"你可以失败，但是不能不去尝试。"

> 除了从上至下贯彻执行共同价值观，还须有积极提供帮助的导师，才能不断修正团队协作，最终造就专业化的公司。

了所有相应的支持。

请注意，我们不仅要明确和建立价值观，更要找到推行价值观的方法。在本书和《专业服务公司的管理》一书中，我曾多次提到可采用以下方法来推行价值观。

1. 员工同意按照公司统一严格执行的共同准则来进行培训和管理。指定团队负责人，且团队负责人的唯一评价指标是团队的业绩，与个人的业绩指标无关。团队负责人的职责包括为团队成员提供指导，传达未能达到准则最高标准的后果。比较理想的情况是，这些后果应包括帮助、支持、鼓励和关注。

2. 团队合作是强制性而非选择性的。每名员工必须归属于一个团队，为了完成团队共同的项目，秉持高度的责任心，承诺为团队"贡献"最低数量的不计费工时，接受团队统一调配。

3. 持续投入，不断改进。每个团队按季度提交不计费工时预算，明确在以下方面采取的行动措施：①提升业务的质，而不只是量；②降低公司执行特定专业工作的成本；③在当前工作中提升对客户的价值；④从横行和纵向普及传播专业知识。

4. 高度重视对客户资源和公司财务指标的有效管理。不仅关注个人计费工时，还对每个项目的利润率进行衡量和追踪，让员工自己为利润率（收入和成本）负责。

5. 客户满意度应作为一项重要标准。每个服务项目均需取得客户反馈，随后进行全面的管理跟进，并将结果用于个人表现的指导和薪酬评价。最终，专业服务公司应提供无条件的满意度保证。

6. 对下属员工的管理也应作为一项重要标准。推行科学的管理模式，对每个项目的下属员工管理情况进行"向上反馈调查"（upward feedback survey），对反馈结果严肃问责。

7. 个人的专业成长无疑是最低标准之一。每个员工每年都必须展现出个人专业/职业上的进步（绝不能姑息停滞不前）。个人战略规划上的进展也必须严肃问责。

8. 所有的合伙人都必须切实关注客户的问题，并真心实意地提供帮助。所有员工都必须了解客户的业务，为客户的业务发展贡献力量。

9. 部门资源应属于集体资产，不得自主分配。团队负责人负责所有项目的人员调配，员工没有自行选择项目的权利。

10. 应重点关注关系的建立。分配一定量不计费工时用于维护与现有关键客户的关系。这部分预算应占用市场开发不计费工时总额的60%以上。

11. 坚持对卓越的不懈追求。时刻准备解雇那些对此不以为然的员工。"你可以失败，但不可以不去尝试。"

我想这不会是唯一的可行方案。有些个人和专业服务公司可另行采用不同的价值体系和推行方法。但是，如果他们的目标是追求卓越，价值体系就必须清晰明了，推行方法也必须切实可靠。

小结

这些都不是我的新创。汤姆·彼得斯曾引用麦当劳创始人雷·克拉克说过的话：麦当劳想要获得成功，"必须能发现汉堡的美"。很多所谓的"经验丰富"的专业人士对此都会暗自发笑，但仔细想过之后就会意识到，克拉克先生是对的。如果不是真正关心你所做的事情，并付之以热情，又怎么能在像汉堡一样简单的行业中脱颖而出成为全球领导者呢？吉姆·柯林斯和杰里·波勒斯在他们的著作《基业长青》（*Built to Last*）中也提出了相同的观点。他们阐明，真正有远见（和成功）的专业服务公司发现,追求利润与实现利润以外的目标并不互相冲突。

教训一目了然:勇于相信你现在做的事情,永远不要故意违背你的准则和价值观。脚踏实地做一名真正的专业人士,追求真正的卓越,财富自当随之而来。但如果只想着"给钱就干,别指望我会真的关心你",那么你将会与伴随卓越而来的超额收益失之交臂。可见专业主义精神更胜一筹!

> 勇于相信你现在做的事情,永远不要故意违背你的准则和价值观。脚踏实地做一名真正的专业人士,追求真正的卓越,财富自当随之而来。

第一部分 （主要）关于自己

TRUE PROFESSIONALISM

1
真正的专业主义精神

我常常问专业人士，你们觉得好的秘书和优秀的秘书之间的差距在哪儿。他们能不假思索地说出很多来。优秀的秘书：
- 对自己的工作感到自豪，注重工作质量。
- 责任心强。
- 主动性强，根据将要发生的事情提前安排各项工作，而不是等待依指令行事。
- 为完成工作会竭尽所能。
- 积极参与，不仅仅局限于被分配的任务。
- 不断思索如何能减轻服务对象的负担。
- 在能力范围内积极学习客户行业相关知识。
- 真正地倾听服务对象的需求。
- 了解服务对象，学着像他们一样思考，以便他们不在的时候代他们处理相关事务。

- 与团队协作良好。
- 能委以保密事项。
- 诚实、可靠和忠诚。
- 乐于接受有建设性的改进建议。

清单上所有的内容可用一句话来总结：优秀的秘书在乎这份工作。

关于上面的清单，有两点是显而易见的。首先，也是最重要的，这份清单适用于我们所有人，而不仅仅是秘书。几乎不用做任何改动，这份清单也可用于区分好的咨询师和优秀的咨询师、好的律师和优秀的律师，以及其他类似职业。事实上，这份清单已经很好地诠释了专业人士的精髓。

其次，这份清单与专业技能无关。之所以被认为是"优秀的"秘书，不是因为能在一分钟之内打 95 个字，或者能把文件快速归档。同样，之所以被客户认为是"优秀的"专业人士，不会只因专业技能出众。"专业"的对立面不是"不专业"，而是"熟练"。

> 专业主义精神主要是一种态度，而不是一系列技能。

熟练工或许拥有娴熟的技能，但只有他们能稳定并持续地表现出上面清单中的各项能力，才能成为专业人士。专业主义精神主要是一种态度，而不是一系列技能。真正的专业人士是在乎他们工作的熟练工（你可能还记得一句老话：别人不会在乎你知道多少，直到他们知道你有多在乎）。

我们所谓的这些专业人士中，有多少人会认真对待这份清单，依照其中的标准行事呢？然而，我们却常常要求那些收入远不及专业人士收入零头的人去遵守这些标准。这里有一个有意思的问题：为什么秘书愿意遵守这些标准？为什么这些人没有共享利润，反而意志如此坚定？

为了弄清楚这个问题，我特地询问了朱莉·麦克唐纳·奥利尔。她从1985年开始担任我的秘书，现在已经升任业务经理。朱莉能够达到甚至超出清单中列出的所有标准。她是这么说的：专业与否不是自己贴上的标签，而是希望获得的别人的评价。出于自尊心，你会尽自己最大的努力做到最好。自尊心是赢得别人尊重和信任的钥匙。想要获得别人的尊重和信任，你必须付出努力。这些都会促使你在工作中尽职尽责。其实应该要问的是，"为什么有人不想这么做？"如果你在工作或者职业生涯中，总是斤斤计较，不求无功但求无过，只为一己私利，那么你将没有未来。即使你有幸成为好的熟练工，也不会在工作中找到乐趣。工作将会非常无聊、令人反感，甚至沦为累赘，使你疲惫不堪。

> 专业与否不是自己贴上的标签，而是希望获得的别人的评价。

这就是为什么我会觉得朱莉比我见过的许多律师、咨询师、会计师、工程师和精算师还要更像一个专业人士（某些时候我甚至觉得她的专业标准已经超出我的标准）。如果你曾经购买过专业服务，或者曾经雇用过专业人士，你应该会同意我的看法：找到有专业技能的人通常比较容易，可想要找能够自始至终遵照以上标准来行事的人却很难。很少能找到像朱莉一样精力充沛、自我驱动、充满热情，并坚持不懈追求卓越的人。想要找到这样的专业服务公司更是难上加难。为什么会这样呢？

对专业主义精神的传统看法

我认为问题部分出在人们对什么是专业主义精神的看法。我们知道，专业主义精神和你从事的行业、在行业中担任的职位，或者你有多少学位没有关系。它包含了你对工作的自豪、对高品质的追求、对客户的积极关注，以及真心实意地想要提供帮助。

然而，传统上对专业主义精神的定义总是侧重于身份地位、学业成就、所谓"崇高"的目标，以及类似于执业者的自治权（即不受执业纪律约束）之类的东西。所有这些都是以自身利益为出发点（正如萧伯纳所说，"对普通人而言，所有的专业人士都是阴谋家"）。

也许专业主义精神缺失的另一个原因是专业服务公司的招聘流程有瑕疵。专业主义精神关乎态度，甚至关乎性格。然而，无论是校园招聘还是社会招聘，很少专业服务公司在招聘过程中对此进行筛选。招聘流程多侧重于教育背景和专业技能。

> 专业服务公司招聘时应侧重个人态度，然后对专业技能进行培训。技能不会可以教——态度和性格却是与生俱来的。

朱莉曾说过："专业服务公司招聘时应侧重个人态度，然后对专业技能进行培训。技能不会可以教——态度和性格却是与生俱来的。它们可以被克制或者释放，但必须有良好的基础才行。"

另一个我很喜欢与人讨论的问题是："你为什么从事现在的工作？"经常听到一些很显而易见的答案，比如金钱、意义、智力挑战等。但还应该有一个重要的原因是"我喜欢帮助别人"。如果缺了这个原因，我想与我谈话的这位专业人士一定处于困境之中。

太多专业人士工作并不是为了帮助客户，而只是为了个人名利。在我看来，这样的专业人士也许能成为好的专业人士，甚至收入颇丰，却永远无法达到优秀。

近些年来，很多专业服务公司在讨论："我们到底是专业机构还是商业机构？"我发现这些讨论中很多观点具有误导性。持商业机构论点的人认为他们无法继续过去那种放任主义的管理方式，必须要更专注于财务指标。对此，持专业机构论断的人认为，作为专业机构，应追求自主执业，专业成就，不受制于烦琐的行政管束。在我看来，两种说法皆有偏颇。

作为一个专业人士，既不应为了金钱，也不应为了专业成就。这些都只是追求提供卓越客户服务过程中附带的结果。如戴尔·卡耐基多年前曾在书中写道："与追求自己的目标相比，帮助他人实现目标，你可以获得更多乐趣和成就感。"

还有一个相关的问题就是，学校和专业服务公司如何帮助员工融入行业大环境——我想很多人可能并不真正明白专业生涯的真正含义。比如，近些年来专业人士正在经历社会地位变迁的冲击。我的一个熟人，顶尖 MBA 出身，最近告别了专业生涯，从工作多年的知名专业服务公司离职。他说："早些年，客户很尊重我，因为我帮助他们解决问题。但是现在，我感觉我只是一个供应商。客户质疑我的建议，为他们做的每件事情都要求进行详细解释，还像鹰一样盯着我的花销。我不习惯，也不喜欢这种

> 作为一个专业人士，既不应为了金钱，也不应为了专业成就。这些都只是追求提供卓越客户服务过程中附带的结果。

卑躬屈膝的样子。"

确实像这位专业人士控诉的一样,近些年客户对待专业人士的态度转变巨大。过去,专业人士鉴于所处地位便可自动获得客户的尊重和信任。这样的时光一去不返。然而,这位专业人士无法理解(或者接受)的是,其实仍然还是有可能得到客户尊重和信任的——只不过现在你必须实实在在地付出努力,证明自己值得尊重和信赖。这其实也并不出人意料,如鲍勃·迪伦曾写道,"任何人都必须服务于别人。"

也许从现在起,我们的学校和专业服务公司不要再向学生灌输,他们是最好的和最聪明的,是最高贵的行业(无论将来从事哪个行业)中的特殊精英。也许学校和专业服务公司更应教导,什么是服务客户和如何与人合作,无论对方是你的下级、上级还是同事(当我与商学院校友们聊起他们的职业生涯,以及如果可以回到当初,他们会做什么改变,我听到最多的答案是"我希望那时我可以更加注重如何与人打交道")。

不(仅)关乎金钱

如果你现在再来看前面的行为清单(注重工作质量,责任心强,为完成工作会竭尽所能等),你会发现具有这些行为特征的人实际上能更快地获得经济上的成功。像朱莉说的那样,就是这些事情,让你赢得了来自同事和客户的尊重与信任。如果这是真的——专业主义精神即成功之道,为什么太多的人却不愿这么去做呢?

我常常向不同人群(从资深专业人士到秘书)提出这个问题。我最常听到的回答是:"这与我得到的报酬不相对等。"这是个悖论。一般情况下,如果你遵照专业之道行事,你(最终)会得到回报。但如果你在做之前就等着要求回报,那么你可能只能永远等待。这样的想法太过短视——只看到了眼前的工作，而看不到整个职业道路。只有当你准备好付出努力，长期遵循专业之道行事，正直之道才可能化作成功之道。

人们不想遵循专业之道（至少像我前面提到的那样）行事的另一个原因是他们所处的环境——他们如何被管理。如果周围的人都一样，自觉自愿地遵循专业之道行事，会容易得多。但据我所知，现实情况常常并非如此。我经常听到"为什么我要拼命做到最好，而其他人只是混混日子而已？如果大家都遵循专业之道行事，我也愿意积极参与，但如果只有我一个人默默努力，很容易就会失去动力。"

从上面的论调中，我们可以看到即使专业服务公司里的人全都有着成为真正的专业人士所必需的态度和性格，也非常容易掉入近墨者黑的陷阱。如果上层管理人员不能时时刻刻以身作则，展现出真正的专业主义精神，那么下面的人很容易认为，"此处"无须恪守承诺和专业性。

那么究竟怎么做才能促使人们按照专业之道行事，并且创建出可以让专业主义精神得以蓬勃发展的环境呢？答案其实早已存在，尽管它常常很容易被人遗忘。朱莉的建议如下：

- "对付出额外努力或表现出色的员工给予表扬。这将会激发更大的工作热情和更好的工作成果。"
- "不用害怕让员工承担更多责任（信任他们），如果表现不尽如人意，给他们一些建议，然后让他们再次尝试。没有人不喜欢挑战。"

> 只有当你准备好付出努力，长期遵循专业之道行事，正直之道才可能化作成功之道。

- "鼓励员工积极参与。分享报告、口头交流、关于竞争对手和客户的信息等，这样所有人都能了解整体情况，以及自己在其中的角色。"
- "有建设性的批评是员工最强大的学习工具之一。花时间帮助员工学习——这与业绩评价或者薪酬评价无关，就是单纯帮助员工自我提升。"
- "不要推崇团队合作，同时却只将功劳归于团队负责人。确保每个成员都能以某种方式得到认可。不一定是通过金钱来体现——可以是简单的一句'做得不错。'带朋友一起吃午饭——'我来请。'要让员工对正在进行的事情有归属感。"

除以上建议之外，我还有几点分享。我相信每个人都希望自己做的事情是为了实现某个目标，对世界有实际意义。如果人人都只谈钱，这会让人非常沮丧。钱不能让人变成高度专注和自我驱动的专业人士。对真正的专业人士，你必须激励他们，但仅有金钱奖励是不够的。说到底，他们知道如何成为合格的专业人士，而你要做的就是激励他们成为这样的人。想要他们成为专业人士，你必须以专业人士的标准来对待他们——而不容丝毫妥协。

> 想要他们成为专业人士，你必须以专业人士的标准来对待他们——而不容丝毫妥协。

对此，朱莉的看法如下："如果员工品性合适且管理方式得当，那么他们将会展现出对工作的热情和全心投入。如果没有，那么你就得重新评估他们的工作内容。或者也许你需对员工进行重新评估，看看当前的工作是否适合他们。"

我希望这些想法能够刺激我的读者（无论你是管理合

伙人还是秘书）仔细思量两个我们每个人都应时不时考虑的问题：第一，别人会认为我是一名专业人士吗（我的服务对象如何评价我能否满足本章一开始所列标准）？第二，我有没有正确对待下属员工，激发他们对工作的投入和热情，或者我有没有什么时候打压了员工的热情（我在别人面前有没有以身作则，表现出良好的专业主义精神）？

2

你快乐吗

专业人士想要获得成功不仅需要才能，还需要自我驱动、主动性、投入、积极性，以及最为重要的工作热情。然而这些常常都是专业人士缺少的。请看下面的小测试。

想想过去一年你做过的所有工作，把它们分为三类（这是第一个问题）。第一类是，"哈哈，我喜欢这个！这是我选择这份工作的原因。"第二类是，"还好吧，我可以忍受——为了养家糊口。"第三类是，"我讨厌这个——我希望可以远离这些垃圾。"在继续往下读之前，想想你的答案。

完成了吗？我曾邀请全球各大著名专业服务公司的资深人士来参加测试。接下来我将公布测试结果。基本上，"我喜欢"占20%～25%，"我可以忍受"占60%～70%，"我讨厌"占5%～20%。换言之，知名专业服务公司里一名普通的专业人士一个星期里有一天能享受到工作的乐趣。

现在来看第二个问题：想想去年一年你服务的所有客户，同样把他们分为三类。第一类是，"我喜欢这些人，而且对他们的行业很感兴趣。"（注意，包含两个要点。）第二类是，"我可以忍受这些人，他们的行业也还好——不讨厌，也谈不上喜欢。"第三类是，"作为专业人士，我不会直接对他们表达不喜欢或不感兴趣，而且也会尽力做好自己的本职工作，但是事实上我不喜欢这些人，对他们的行业也不感兴趣。"

准备好对比测试结果了吗？基本上，"我喜欢"占 30%～35%，"我可以忍受"占 50%～60%，"我不喜欢"占 5%～20%（我必须强调，以上不是我个人对职场生活的看法，而是各大专业服务公司的专业人士自己的表述）。

这些数据也许能给你一个强大的理由，让你重新找回对工作的激情。为什么要将工作中的大部分时间花在和"可以忍受的"客户打交道，做"可以忍受的"事情上？只要在（比如）客户关系、市场和营销上稍做一番努力，你就可以在工作中的大部分时间和"有趣的"人打交道，做"令人兴奋的"事情。

专业人士应该积极参与市场营销活动，这是因为有一个比金钱、收入或者其他因素更为重要的原因：市场营销做得越好，你就越有机会做有趣的工作，而越少迫于无奈接受你不喜欢的工作和客户，去"喂婴儿"（feed the baby）。

然而，据我所知，专业人士对以上测试结果普遍感到毫不意外（即这些数据准确地反映了他们的工作现状）。他们说，"大部分工作是乏味的，多数客户是无趣的。"我

> 专业人士应该积极参与市场营销活动，这是因为有一个比金钱、收入或者其他因素更为重要的原因：市场营销做得越好，你就越有机会做有趣的工作，而越少迫于无奈接受你不喜欢的工作和客户。

的反应是："我相信工作很无聊、客户很无趣，但是问题是'为什么你还要做这份工作呢？'"我听到的回答是，"我有选择吗？"

我想说，"当然你有！"除非你对所有的客户和他们所有的问题都不感兴趣（如果真是这样，你得重新考虑是否入错了行），我们要讨论的只是动用些许主动性和精力来改变你的工作现状。按理说，专业人士是社会中最聪明，且具有良好教育背景的精英成员——应该会比普通人有着更多的职业选择机会。但现实中他们似乎更愿意偏安一隅，将大把的时光花费在"我可以忍受"的工作和客户身上，然后固执地认为自己对此无能为力。

我曾在美国一个具有超强盈利能力的精英律所里向大家提问："你有多少占比的客户属于'我喜欢'这个类别？"满屋子哄堂大笑，就像我问了个很荒唐的问题。显然，很多专业人士并不期望自己会喜欢客户。这不是一个道德或伦理问题（即你应该喜欢你的客户和你的工作），但是客观来说喜欢（部分）客户是完全有可能的，并且，每个专业人士也应当具有足够的能量去选择自己服务什么样的客户和提供什么样的服务。

弗莱德·巴特利特是一位杰出的美国律师。他曾经列举了若干原因来解释（律师）专业工作是最令人心潮澎湃的职业［下述观点引自一个名为律师连接（Counsel Connect）的网站上的评论。该网站专门为律师提供在线服务］。

专业人士（他特指"律师"）是一群有趣、聪明的人，和专业人士在一起很有意思。我们面临的问题让人乐此不疲，而且几乎每天都不会重复。我们接触各行各业，与各式各样的客户打交道。我们不会刻板乏味，不会数十年效力于同一位老板。因为我们靠脑力取胜，一个人就可以独闯天下。我们处理的都是最前沿的问题。作为专业人士，我们没有"老板"。我们为自己工作，只需要满足自己的要求。我们拥有很多个人自由。我们无须每天在固定的时间出现在固定的地点。最后，我们收入丰厚，可比肩大部分的企业高管。因此，这份职业绝对是首屈一指的不二选择。每到成败关头，我们还可以采用小团体作战模式，与一群极具上进心和有趣的人，共同面对多变和复杂的问题。人生如此，夫复何求？

你可能会反驳，也许的确能从工作中获得快乐、激情和成就感，但专业服务公司的管理规定还是会引发先前提到的那些不满（和消极）。在太多的专业服务公司中，最重要的绩效评价标准是你有多忙（以计费工时或者个人账单额计量），而与你是否真正热爱自己的工作毫不相关。依据计费工时出具账单的模式将会导致个人（和专业服务公司）过度关注工作的数量，而忽视工作质量。同样，很多专业服务公司的市场营销策略是不问青红皂白（"只要是新增收入就多多益善"）。这将会导致员工过度关注当前现金流入，而忽视专业表现。

不当、无效、短视的公司制度仍然存在，我们暂且抛开一边。公司的管理和文化可能确实值得诟病，但是如果想等到公司改变之后再改变自我，这种想法不过是自欺欺人。为什么不大家一起努力，自己掌控业务开发，然后鱼和熊掌（金钱和快乐）兼得呢？

只要做法得当，对个人而言，金钱和快乐并不是你存我亡。你只是将无趣的客户和工作换成有趣的客户和工作，仍然还可以像以前一样忙忙碌碌且收入不菲（甚至更高）——而且无论任何一家专业服务公司都会对此大加赞

> 公司的管理和文化可能确实值得诟病，但是如果想等到公司改变之后再改变自我，这种想法不过是自欺欺人。

> 相对于争取你不喜欢的客户和勉强接受的项目，去争取你喜欢的客户和感兴趣的项目将更容易获得成功。

赏。这种良性循环甚至还会作用于市场营销。相对于争取你不喜欢的客户和勉强接受的项目，去争取你喜欢的客户和感兴趣的项目将更容易获得成功。在我看来，专业服务公司要求员工"时刻保持工作时间有效"的做法并不能带来这种效果。

有时你会感到十分无助，就好像这种状况无从避免。很多专业人士似乎已经放弃梦想，不再相信工作也可以是令人愉悦的。在讨论这个问题时，我已经无数次听见有人说"工作而已——你还指望什么更多的东西呢？"在我看来，这句话本身就说明了问题。在试图解释专业工作和其他职业（比如企业职员）有什么区别时，我常常声称，其他职业可能只是一份工作，而专业人士的独特之处在于他们找寻的是一份事业。

显然我的看法值得商榷，至少对很多专业人士而言确实如此。或许曾有一时，他们为了成为合伙人奋力前行，或是把工作当成自己的终身事业来对待。但是现在呢？他们已然习惯了"不过是工作而已"的状态。很多优秀而且聪明的专业人士很坦白地对我说，他们不指望在工作中找到激情。他们的满足感来自于家人、爱好以及/或者家庭生活，对工作不再抱有奢望。

很多人是他们过去成功的受害者。很多大型专业服务公司里都存在"失落的一代"专业人士。他们大多十分年轻，埋头苦干，将大量的"有效工时"花费在毫无创新的工作上，放弃自己对工作的掌控，把自己变成了"机器"，从未被要求展示个人主动性。在很多大型专业服务公司中，合伙人以下级别的员工常常感到无助，对自己的工作状态缺乏自主控制。因此，他们中的很多人在升至合伙人级别之后对抉择和个人控制毫无概念也不足为奇。

但我还是会感到不解。很多人秉持的态度是"为什么要我去争取呢？业务开发耗时耗力，还有风险。如果不成功，专业服务公司对这些所谓的努力也没有支持和奖励。既然专业服务公司只是看重有效工时，那么我专注在工作上就好了！"在我看来，这些想法与公司的短视和刚愎自用如出一辙。当然，公司需要做出改变，但是如果你只是等着公司改变了再行动，那么你将永远等待下去，而同时你的生活也将无法圆满。这无异于对自己的未来放任自流。

据我观察，很多人不愿参与业务开发，部分原因在于对业务开发本身具有很深的误解。在很多人的印象中，业务开发等同于"兜售百科全书"，他们说，"我可没有呼风唤雨的本事。"这纯属无稽之谈。想要做好业务开发，无非是真心实意地关心客户和他们的问题，并愿意走出大门，花费时间去帮助他们（参见第17章"真正的专业人士如何进行业务开发"）。

如果你对某个（类）客户的确很感兴趣，而且不遗余力地展示了自己的能力和乐于提供帮助的意愿，那么你拿到业务机会不过是水到渠成。很多专业人士的最大问题在于他们没有花时间想明白自己喜欢什么样的客户。其实，你没有必要喜欢所有的客户——确实如此，因为你也不可能喜欢所有客户。因此，你必须要想清楚自己喜欢的客户，然后做好计划争取他们更多的业务机会，以及类似

> 想要做好业务开发，无非是真心实意地关心客户和他们的问题，并愿意走出大门，花费时间去帮助他们。

客户的业务机会。毋庸置疑，如果你想要更多的客户都能属于"我喜欢"的类别，那么你必须对自己喜欢的客户和喜欢的原因有清楚的认识。我常看到，很多专业人士正遭遇社会地位变迁带来的冲击。他们原本以为自己加入了一个精英、高智商的行业，会被客户作为专家对待。可到头来发现自己只是被当作了供应商，没有任何特殊待遇或特权。很多不想进入商业行业的人特地选了专业学校，却发现自己一头扎进了商业世界中——当然也就无法生出好感。尽管最后，为了谋生他们仍旧从事了这行，但是在他们的价值系统里，自己本应该从事更加"高贵"的工作。他们冲着专业工作的名望和财富而来，却不喜欢其中涉及的林林总总。

我想送给这些人史蒂夫·斯蒂尔斯的一句歌词：如果不能和你爱的人在一起，那么你应该爱上和你在一起的人。快乐人生的一个窍门就是始终站在恰当的角度，把生活当成挑战，看到生活中快乐的一面。爱上工作也许不是工作本身的魅力所致，更多的是你对心态的调整。

我们能悟出什么呢？一个简单而有力的结论：多数专业人士的生活中缺少的却是最重要的东西。他们常常已经拥有财富、名望、头衔和地位，唯独没有快乐。

当再次审视专业人士中获得成功（也因而快乐）的那些人，我们不难看出：这与智商无关，与教育背景无关，与接受的培训无关。只有那些不忘初心，仍能找到如职业生涯初始时对工作的热情和冲动，并愿意为之付出努力的人才能最终获得成功。获得快乐的窍门不过是一点点精

> 多数专业人士的生活中缺少的却是最重要的东西。他们常常已经拥有财富、名望、头衔和地位，唯独没有快乐。

力、野心、主动和热情。然而如今这些品质却难得一见，以至于已经成为个人和专业服务公司的决定性竞争优势。

工作热情和主动性是关键。是的，你可以改变自己的生活。你不是无能为力的。记住，生活的真谛是要快乐。所有其他的目标（财富、名望、地位、责任、成就）不过是获得快乐的途径。它们本身一文不值。

3

不留遗憾

我永远不会忘记我这辈子曾收到的最好的职业建议。那时，我还是哈佛商学院一名年轻的助理教授，迫切地想知道要怎么做才能达成自己的人生职业目标（即"成为合伙人"）。我求助于学院里一位资深前辈，向他请教我该怎么做。

"大卫，你的问题不对。"他说，"秘诀很简单。如果别人争着要你，我们应该也会要你。如果别人不想要你，那么我们可能也不会要你。专注某个领域，然后做到最好，你自然就能如愿以偿。"

那时的我只觉得这样的回答不过是敷衍了事，并不满意。"但是我应该专注于什么呢？"我问道，"我应该选择某个实用性学科、工业专业，还是其他的什么呢？""这取决于你自己。"他回答道，"做你喜欢的。不要仅仅因为别人需要而去做自己不喜欢的事情。"

尽管心存疑虑，但我还是按照他的建议去做了。多年以后，我得以在咨询师职业生涯（我喜欢并为之心潮澎湃）中小有成就，转而放弃了学术追求。在学术界的每分钟我都乐在其中，我离开后的每分钟也一样。我没有遗憾——一路走来都快乐如初。

如今数十年过去了，我逐渐意识到当初导师的建议中所蕴含的大智慧。道理很简单：成功来自于你乐在其中的事情。没有快乐，何谈成功呢？

> 成功来自于你乐在其中的事情。没有快乐，何谈成功呢？

激情的力量

很多人将他们的职业（商业）规划等同于分析市场上什么增长势头正盛，什么需求短缺。虽然这也不是不相关，但我认为职业（商业）规划的核心并不是市场分析。想要取得职业上的成功，热忱和激情（以及由此激发的奋斗精神）很重要。

据我对专业人士的观察，成功显然不在于超高的智商，或者毕业于最好的学校，抑或是从事最热门的行业。长期坚持不懈的奋斗和永不放弃的决心才是行之有效的制胜法宝。如果不热爱，又怎会有毅力去为之拼搏到底和坚定不移呢？

这不是什么标新立异的想法。美国前总统卡尔文·库利奇有一句名言："世界上没有什么能够取代坚持。才华不能，怀才不遇的人比比皆是。天赋不能，失落的天才也寻常可见。教育不能，世上充斥着受过教育的废物。只有坚持和决心才能无往不胜。"

在做职业规划时，很多人想的是自己擅长什么。然而，如库利奇总统所说，才华（或技能或优势）即使相关，也不是核心因素。只有能激发坚持和决心的东西才是最关键的——换句话说，就是你在乎的东西。不用去想你擅长什么。能够吸引你的事情，你一定会做好。如果你不感兴趣，自然也做不好。这与你擅长什么无关，你是否喜欢才是关键。

认清自己要什么

道理很简单，却常被置若罔闻，尤其是那些职业生涯过半，已经成为合伙人（或同等职位）的专业人士。很多人对每天的工作提不起热情，甚至更糟——很多人根本不去思考如何让自己因为工作而更有成就感。他们可能有着各种各样的年度目标、预算和业绩报告，但很少有人对下面这些问题有过深思熟虑：

- 接下来你要做什么？
- 三年之后你有什么目标？
- 三年内你想要服务什么样的客户？
- 三年内你想要做什么样的工作？
- 什么样的职业挑战能燃起你的斗志？

这些问题不过是在持续更新和修正你的个人职业战略计划。它们和满足公司要求及目标无关，而和你自己以及你的职业满足感息息相关。这些问题揭示了我们每个人都必须面对的关键问题：接下来我的职业目标是什么？

> 很多人忙于追赶公司的业绩目标，而无暇思考成功对自己的真正含义。

很多人忙于追赶公司的业绩目标，而无暇思考成功对自己的真正含义。他们从不花时间去想，"在下一个职业阶段,我要达到什么样的目标?什么才能真正带给我成就感?"

很多人也不清楚自己拥有哪些职业选择。他们不知道自己可以喜欢什么,不知道如何弄清楚什么样的工作领域会激发自己的热情。他们也不知道自己想要什么。常常有人问我:"我要怎么弄清楚自己要什么呢?"

没有万能的答案。不过在过去的15年里,我观察了成千上万名的专业人士,从他们身上悟出如下一些道理。

过去几年的工作回顾

最简单直接的方法是对过去几年的工作情况进行回顾,问自己"我觉得什么时候最快乐?"

我建议你拉一份清单,把过去三年里完成的项目全部列出来,然后开始逐一考量。哪些项目、哪些客户让你工作起来最带劲?哪些最有成就感?自己的哪些表现最为突出,或者最引以为豪("哇,我竟然做到了")?如果你能回答这些问题,说明你已经完成制订个人战略计划的第一步——现在要做的就是想清楚如何获得更多这样的项目和客户。

这些问题或许都很简单,但很少有专业人士真正花时间去回顾自己过去的工作,来思考这些问题。

你想要和谁打交道

相对于其他因素,我们周围的人才是决定职场生活质量高低的关键。由于工作中绝大部分时间都是和不同的人打交道——客户、同事、下级、上级——如果你喜欢、敬重与你合作的人,你的工作将会更有乐趣。你清楚自己最喜欢和敬重哪些人吗?主动构建职场人际关系,让

> 相对于其他因素，我们周围的人才是决定职场生活质量高低的关键。

自己在绝大部分时间都和特别喜欢和敬重的人相处。人生很短，何苦与不相为谋的人相互纠缠？哲学家让－保罗·萨特写道，"他人即地狱。"

我们中大多数人不仅希望能敬重这些我们打交道的人，同时还希望自己能够得到他们的敬重和认可。因此，你应该问自己："我希望得到谁的关注——我希望赢得谁的认可？"你不可能同时让所有人都喜欢你。不同的人喜好各有不同：金钱、地位、聪明才智、人际交往技能、性格、社会贡献等。问问自己："你希望哪方面受人青睐，受谁的青睐？"

我们都想被人钦佩。难的是想明白我们究竟希望得到谁的钦佩，以及为什么。同样，我们都想受人尊重和敬仰。那么是谁的尊重和敬仰呢？想想那些你希望赢取的客户和你中意的服务对象，你应该能找到答案。如果你能赢得客户的钦佩、尊重和敬仰，那么同事和合作伙伴自然也不会轻看你。如果你的所作所为得到外界的认可，那么你的同事同样会对你青睐有加。

内心深处阴暗的小秘密

接下来我们来帮你看清自己真正想要什么。发现内心真正喜欢或热爱的是什么的方法之一是问问自己什么事情是你不想承认的。如果你说"我不想承认，但是我喜欢成为大家的焦点"，那么，找一份可以让你引人注目的工作。如果你说"我不想承认，但是我不喜欢和别人打交道"，那么，可以去做一些办公室的工作，比如创造发明和技术先锋。如果你说"我不想承认，但是我就是想变得有钱"，那么，勇敢地去创业。如果你被迫坦白"我不想承认，但是我自认为才智高人一等"，也可以，那么找一份只和高智商的人打交道的工作。

释放"内心深处阴暗的小秘密"，不要压制它们。你远比自己想象的要保守。

> 释放"内心深处阴暗的小秘密"，不要压制它们。你远比自己想象的要保守。

规划周期

很多专业人士不热爱工作的原因之一是他们的能力对现在的工作而言已经绰绰有余了。过去，他们觉得工作充满挑战和乐趣，但是经过太多次的重复，他们已经失去了当初的冲动。这有一个经验教训：不要想得太远！

很少有职业选择是一成不变的。你要选择的不是整个职业生涯只做同一件事，而是下一阶段你对自己提出的挑战（比如在三年时间内）。我知道很多专业人士其实有多重职业，这些职业按照某种顺序各有侧重。可能在某个阶段，他们完全沉浸在某方面，然后下一阶段他们可能又将兴趣转向其他方面。

> 很少有职业选择是一成不变的。你要选择的不是整个职业生涯只做同一件事，而是下一阶段你对自己提出的挑战。

当回过头去看，我们发现成功的职业选择之间像是有着逻辑很强的递进关系，整体看来就像是从开始就设定好的单个职业选择。但实际上很少是计划好的。职业生涯是从一个挑战到另一个挑战逐步搭建而成的。成功的专业人士不会专注于他们最终能实现什么——很少人能料事如神。他们会专注于接下来要做什么。

无须计划太久之后的事情。五年、十年之后，你可能已经成为完全不同的人，想要完全不同的人生。（我们中有多少人如今还仍然在坚持十年之前定下的目标呢？）你的选择必须能激起你的兴奋，燃起你的斗志，并且让你在未来几年内都乐在其中。如果短期计划解决了，长期问题便可自行解决。

他人的建议

别人无法告诉你你的职业生涯应该需要什么东西。其实我建议把"应该"这个词从职业规划中永久删除。你身边包括同事、上级、爱人和朋友的很多人，常常都会跟你说你的职业生涯（通常人生）需要这样那样的东西，尤其是当你询问他们意见的时候。但如果你被他们的意见所左右，这将十分致命！

周围的人可以给你帮助，包括各种选择、意见、建议，或者市场和商业机会。不管怎么样，寻求外界意见都是可取的，可以拓宽思路。只是你不一定要接受别人的意见和结论，即使他们众口一词。不要人云亦云，被周围人的价值观影响。你要明确自己的价值观——那些你看重而为之奋不顾身的东西。

不要去卖：要买

在规划职业生涯的下一阶段目标时，你要记住职场幸福感更多取决于你的职位（你的职责、和你打交道的人），而不是你所在的公司或行业。很多人先选择行业，然后是公司，最后是职位。我认为这是本末倒置。

明确自己想要什么职位，然后（如有必要）与公司商量。如果他们不能接受，那么换一家公司。不要去卖：要买！

如果你想尝试某个新职位，想想关于这项职业选择你最需要了解什么，才能确保自己乐在其中。去找那些已经在这个职位上的人。不要害怕请教他们，尽管去问。问个明白。不要去卖：要买！

记住，职业规划是你自己的事情，不是公司的事情。如果你所制定的职业道路行不通，你个人的痛苦远远大于公司。在决定你的职业选择时，你必须比公司还要挑剔。不要去卖：要买！

> 记住，职业规划是你自己的事情，不是公司的事情。如果你所制定的职业道路行不通，你个人的痛苦远远大于公司。

在我过往的经验中，我曾见到无数专业人士没有按照上面的方式来制订职业规划——因为他们觉得自己对此无能为力。"毕竟，"他们说，"市场竞争激烈，我不能全凭自己的喜好来挑选工作。我只能接受已经到手的工作机会。"诸如此类的说法从各个方面印证了我的看法。对自己的喜好及原因一清二楚，没什么比这更加让人印象深刻（因而也会更受市场欢迎）。如果你对工作没有热情，那么自然也就只能接受别人的安排。你要么自己挑选职业，要么任人挑选。不要去卖：要买！

4

进取者、安于现状者和失败者

在职业生涯的各阶段，你的表现都可以用进取者、安于现状者或者失败者来形容。那么现在的你属于哪种情况呢？

当你处在职业道路（不是具体工作）的半途，正朝着目标不断前行的时候，你属于进取者。作为进取者，你有着自己的战略计划，并按照计划义无反顾地奔向目标。进取者永远在学习新的东西，不断充实自己的技能和知识。他们积极主动地去探索富有挑战的新领域。

进取者会不知劳累地避免重复性工作（将"太过熟悉"的客户项目转交给公司里的其他同事），即使他们已经达到该领域的一流水平。他们认为："尽管对这种项目而言，我已经是公司里最有经验的人，但我已经做了太多次。我需要找别人来代替我（在不牺牲客户利益的情况下），这

> 进取者永远在学习新的东西，不断充实自己的技能和知识。

样我可以去尝试更多富有挑战和令人振奋的事情！"

尽管市场营销和客户开发不可或缺，但它们都不是进取者的本质所在。进取者的本质在于积极主动地把握职业发展方向和持续不断地努力提升自我。

另一个极端是失败者。不管出于什么原因，如果你不能满足质量、客户服务和勤勉尽职的基本要求，那么你便是一个失败者。这种状态可能是暂时性的，也可能是永久的。引发这种状况的原因很多：个人生活崩塌、精力不济、行业凋零等。

处在中间状态的便是安于现状者。从定义上看，安于现状者不是失败者。他们是完全胜任、成功的专业人士，勤勤恳恳，能够很好地完成工作和满足客户的需求。每周他们都来"做香肠"，然后下一周以及往后的每一周，他们都来做香肠，很有可能他们的"香肠"品质优良。而且公司里人人皆知，如果有做香肠的活儿，就去找他们。他们非常擅长做香肠！但是，安于现状者与进取者是不同的。他们没有未来。他们不会花费力气去学习新的东西，只会凭借现有的技能维持生活。他们不会想着提升自己的能力。他们只是在做一份工作，而不是一番事业。

需要注意的是，被归为安于现状者并不意味着这个人是不好的员工或者不好的人。实际情况正好相反：安于现状也等同于全心投入和高质量的工作。我们所有的人在某些时候都会安于现状，安于现状的诱惑力不容小觑。安于现状意味着做你自己擅长的事情，因此一般情况下工作压力较低、舒适度高。另外，相对于需要"更上一层楼"的工作，你也更容易找到已经具备相关经验的工作。

但是同样显而易见的是，专业人士不能永远停滞不前。如果你的工作只是在不断地重复现有技能，那么你终将会被那些学会了这些技能且比你更年轻、愿意接受更低报酬的人所取代。成功的关键在于确保如何只是偶尔和短时间内安于现状（如果有的话）。

我曾在全球各大专业服务公司的专业人士中针对上述问题进行测试。测试结果显示，他们认为10%～20%的同事属于进取者，5%～15%的同事属于失败者，剩下65%～85%的同事属于安于现状者（相对于让他们对自己进行评判，我更愿意让他们对同事进行评判）。根据经验，自我评价不如外部评价来得可靠。

尤其在经济低迷期间，很多专业服务公司认为通过"处理"生产力低下的员工（提高生产力或者解雇）可以解决它们面临的战略问题。然而，以上测试结果显示，大多数专业服务公司要操心的不是失败者的数量，而是大量的员工虽然目前并无过错，却并没有像真正的专业人士那样不断进步。安于现状、不思进取，这甚至在最好的专业服务公司里也司空见惯。

> 如果你的工作只是在不断地重复现有技能，那么你终将会被那些学会了这些技能且比你更年轻、愿意接受更低报酬的人所取代。

专业服务公司的战略问题显然不是惊群效应缺乏疏导。简单来说，人群根本没有被惊动！有待解决的问题不是市场定位、细分、价值定位或者竞争战略。亟待解决的首要问题是（占比较大的）安于现状者有没有主动性或者欲望去追求现有水平之上的成就。

我常常听到专业人士说，"我们现在已经很成功了，为什么我们还要改变现状呢？我们又不是失败者。"在一定程度上来说，这种说法也没错——他们确实是成功的。这种说法正确但却不相关：对所有的专业人士而言，核心问题不是你有多成功，而是你是否准备好追求更大的成功。

对已经取得一定成就的人而言，保持雄心壮志是十分难能可贵的。我常听人说，"总不能我们所有人都变成进取者吧！总得有人来干活儿呀！"这种说法偷换了概念。进取者不是拿到项目，然后交由安于现状者来完成专业工作。这是误解。做一个进取者，就是要不断地学习、进步和丰富自己知识技能。每个人都可以做到，也必须做到！

我清楚地记得朱莉（我的业务经理）来找我，"大卫，我看外聘的会计师在填写公司的纳税申报表，我觉得我可以学着做。你看可不可以这样：如果你出钱让我去夜校学习税务，我就保证花时间去学。这样，我们就只需要请外部会计师来处理那些更难的东西。你觉得如何？"

我觉得如何？至今我仍这样认为——朱莉是一名进取者！她比我认识的很多专业服务公司的合伙人更像是一个进取者。

朱莉明白（并以行动表示）一个简单的道理：不进则退。记住，行业中每家专业服务公司——包括你所在的公司——都在想方设法地培训员工来学习你在做的事情。除非更久的工作年限能赋予你更多的经验、知识和技能，否则你将会被取代。如果你希望五年之内还能在职业发展上有所建树，那么安于现状就绝不是你的选择！

如何判断自己是否在安于现状

测试你是否安于现状的一个办法是对你当前工作的经济指标进行评估。请参看图 4-1 的公式——由我著有的另一本书《专业服务公司的管理》中的公式变通而来。

$$\frac{\text{利润}}{\text{你}}=\frac{\text{利润}}{\text{收费}}\times\frac{\text{收费}}{\text{计费工时}}\times\frac{\text{计费工时}}{\text{员工}}\times\frac{\text{员工}}{\text{你}}$$

$$=\text{利润率}\times\text{工时费率}\times\text{有效工时利用率}\times\text{杠杆率}$$

图 4-1

你的工作所创造的利润由四个关键因素的乘积决定：利润率、工时费率、有效工时利用率（即可计费比率或者可出账单比率）和杠杆率。四个因素中的两个我称之为卫生因素，另外两个因素反映利润的基本健康程度。两个卫生因素是利润率和有效工时利用率，两个健康因素是工时费率和杠杆率。可以从提高利润的各种途径出发，来理解这两类指标之间的差异。

提高利润的途径之一是延长人均工作时长。提高有效工时利用率意味着你（和你的员工）工作更加努力，因而赚到更多的钱。这确实能提高利润，不过只在短期有效。通过延长工作时长来提高利润不是什么富有创造力的举措。我管这个叫作笨驴策略——通过增加负重来提高收益！

通过延长工作时长来提高利润不是什么富有创造力的举措。我管这个叫作笨驴策略——通过增加负重来提高收益！

对任何业务而言，突破点在于找到无须加大工作量又能赚到钱的方法。如果通过别的方法无法实现（真正的）增长，我可能也会采用加大工作量的办法来获得收入增长，但我绝无底气拍着胸脯说："瞧瞧我——我是一只笨驴，只会出卖蛮力！"

如果不是通过加大工作量，而是通过提高市场愿意向你支付的工时费率来获得收入增长，那么你的增长将更有意义，也更加持久。也就是说，你获得了更高的市场定价。如果具有理性的客户愿意为你的时间支付更高的报酬（即使对他们而言，在市场上有更便宜的选择），那么可想而知你一定是已经实现了某些方面的提升。通过对技能、客户服务、行业专门化、创新进行融会贯通或不同组合，或者通过创造具有更高价值（带来更高费率）的工作成果，你将会成为更好的专业人士。

两种方法（提高有效工时利用率或工时费率）都能实现利润的短期增长，但最终结果却大相径庭。

同样，也可以用上面的方法来分析利润率和杠杆率之间的差异。提高利润率（主要）是控制各项日常费用——这很重要，但只有短期效应。如果你能找到方法在保证服务质量不变的情况下节省宝贵资源（技术或初级员工的工时），那么你相当于获得了一项重要资产。想要提高杠杆率，你必须寻找新的、更有效率的方法来服务和支持你的员工，对他们进行培训和管理以帮助他们承担新的职责，以及设计新的方法体系。这些方面的提升不仅现在会带给你收入增长，在将来也会大有助益。

结论很简单：通过提高工时费率或者杠杆率（或者两者都提高），你可以获得战略性的提升。你也将成为一名进取者。如果工时费率和杠杆率停滞不前，那么你就是一名安于现状者。你也许通过加大工作量或减少开支的方法提高了收益，但仍旧是在原地踏步！加大工作量和减少开支比提高工时费率和杠杆率要容易得多。做一个进取者不是一件轻而易举的事，但这对取得长期的成功至关重要！

> 通过提高工时费率或者杠杆率（或者两者都提高），你可以获得战略性的提升。你也将成为一名进取者。如果工时费率和杠杆率停滞不前，那么你就是一名安于现状者。你也许通过增加工作量或减少开支的方法提高了收益，但仍旧是在原地踏步！

激情、努力和成功

进取者和安于现状者的区别绝不是能力上的差距,而是态度上的差距。在专业服务行业中,竞争优势的关键不在于新颖的战略、超高的智力或者前沿的技术(大多数专业服务公司并不缺少这些东西),而在于激情和坚持。最终取胜一方未必比他们的竞争者更加聪明,而是他们付出了更多的精力、冲劲、热情、动力和承诺。

这点无须多说。在很早之前大家都知道,客户希望我们关注他们的业务。然而当你面对一屋子的资深专业人士,询问他们是否经常阅读客户的行业杂志时,你会惊叹于举手的人何其少!他们明明知道应该怎么做,但就是没有去做!

如果你常常阅读客户的行业杂志,那么就能自然而然与客户聊起他们的业务,不会只局限于当前的项目。这样的沟通才更富有成效。最差的情况下,客户也只是会认为你假装"在意"。最好的情况下,你便可以抓住时机,拿到客户更多的项目。客户惊讶并确信你对他们行业的了解和关注,甚至可能主动提议合作新的项目。

不难理解要怎样做才能在专业服务行业中取胜,几乎众人皆知。关注客户、培训员工、良好的项目管理,以及积极投入学习新的东西,这些都很简单明了。但对一些人来说,难的是自觉自愿地行动起来。

如果自觉自愿的行动能带来改变,怎样才能做到呢?秘诀是激情。当你把阅读客户的杂志当成任务来做,你很可能无法坚持下去。但如果你是真的感兴趣，这便不是一种负担，而是一项日常（且不是让人不悦的）习惯。只有这样，你才有可能从自觉行动中有所收获。

当然，对专业服务行业中的管理者而言也是如此。如果团队里每个人都基本了解自己要做什么（通常他们是了解的），那么团队负责人的任务就是让他们自发地想要这么去做。想要做到这点，团队负责人的角色和职责就是激发热情和干劲。如果做到了这点，那么团队成员就可以为自己和团队实现更多的成就。其中最重要的是，团队负责人必须帮助每个人找到成为进取者的乐趣。负责人不能姑息任何安于现状的情况，而应要求（并且帮助所有人实现）真正的提升。

> 团队负责人的角色和职责就是激发热情和干劲。

但是，具有进取精神的领导者寥寥无几。我曾经参加过数不清的商业会议，其间公司领导人呈上各种深度财务分析，来"证明"如果人人更加努力地工作，公司可以提高多少收益。计算精准，也算明智之举，但却全然不顾人的精神力量！太多的领导人不是热情的制造者，而是彻头彻尾的热情毁灭者。

5

关于时间

在专业人士和专业服务公司（甚至是最好的专业人士和专业服务公司）中存在一种错误的认识：只有计费工时（提供客户服务收取报酬的工时）才是真正重要的。不计费的工作要么一文不值，要么次于所谓"真正的"工作。

大多数专业服务公司有着非常可靠的系统来监控计费工时，却常常缺乏有效的制度来管理不计费工时。这是个明显的失策。你在计费工时里做的事情决定了你现在的收入，但是你在不计费工时里做的事情决定了你的未来。

> 你在计费工时里做的事情决定了你现在的收入，但是你在不计费工时里做的事情决定了你的未来。

只要投入得当，不计费工时可帮助你建立客户关系，突破新市场，创建新工具，培训员工，或者完成"资产创建"活动。这些都对你未来的成功举足轻重。无视不计费工时就是无视未来。

有多少时间

尽管没有对不计费工时进行管理，但多数专业人士已然将大量的不计费工时花在工作上。以一名普通的会计师为例。在大多数国家，一名审计或者税务合伙人每年的计费工时为 1200 小时。然而实际上，他们每周会花 55 小时左右的时间在工作上，每年约 48 周（以上数据可能在不同国家不同业务分类之间有所差异。虽然世界日渐同化，但仍存在文化差异）。

这相当于年度工时总数为 2640 小时，其中只有 1200 小时可以计费，而另外的 1440 小时不可计费。换句话说，作为一名普通的会计师，大部分工作时间是不计费的，不做核算，也几乎游离于管理之外。

对咨询师、精算师、律师和其他专业人士来说，同样如此。我相信美国以外的其他国家的律师也无外乎如此。在美国的律所里，合伙人级别的计费工时通常为每年 1600 ~ 1700 小时（纽约地区更高），这样算来"只有" 900 ~ 1000 小时为不计费工时——虽然不算占总数的绝大部分，但也是相当大一部分！

业务部门或者公司层面的数据可能更加让人难以置信。一个拥有 10 名合伙人的部门的不计费工时总数很容易达到每年 8000 ~ 12 000 小时。一个拥有 50 名合伙人的事务所每年大约有 50 000 小时不知所踪。很难让人相信，竟然很少有专业服务公司建立恰当的程序和制度来确保这样庞大的投入能够有所回报。

我常常问专业人士："你有多少百分比的不计费工时花得值当？"回复大约是 10% ~ 35%，而这些时间大部分都贡献给了（闲散的）市场营销活动。他们说，时间就这么"溜走了"。其实他们在这些时间里也没闲着，只是他们没法告诉你都在忙些什么！

然后我接着问："你有多少不计费工时是按照事先的计划和安排，花在有目的的事情上？"同样，回复几乎都在 50% 以下，常常接近于 0。由于缺乏计划，大部分时间过得无所作为也不足为奇。如果你不规划时间，你常常会被迫应付紧急的事情，而不是主动去做重要的事情。

这不仅是机构的问题，也是个人和人性的问题。专业人士的工作尤为辛苦，还常常极大地牺牲了个人生活。然而，几近半数的努力徒劳无功。

如果专业人士能够主动把握这些数量庞大、无组织计划、无所作为的不计费工时，把它们投入积极的目的中，那么这将可能极大地改善他们的工作现状。如果想要工作实现更多满足感和成就感，未来可以不足为虑，那么我们现在就必须未雨绸缪，合理利用我们的不计费工时。

重新对时间分类

专业人士和专业服务公司应该放弃按照计费和不计费时间来分类的方法，而应考虑将时间分为三个新的类别：收入类时间（服务客户）、投资类时间（创造未来）和个人时间（其他）。这种分类方法的本质是将投资类时间和收入类时间一视同仁。如果你能合理利用投资类时间进行有目的的经营，那么你将对未来的成功以及未来的生活状态更有掌控力。

个人和专业服务公司都应该养成习惯，对投资目标和计费目标一视同仁。评估员工在某段时间内的表现时，不应仅仅关注"我是否满足了计费目标",还应认真地关注"我是否完成了最初承诺的投资任务"。个人和专业服务公司必须明白,两者皆为关键——缺一不可。

然而,当今大多数专业服务公司奉行的是,只要能创造更多的计费工时,你不仅可以,而且被公然要求"挤走"之前计划好的投资类时间。"为未来投资"的理念并没有被认真对待。

请注意我们不是要增加工时总数,而是转而将现有的、缺乏计划的不计费工时花在那些经过精心计划、可以带来实际结果的事情上。如果做法得当,总体上应该不会存在当前收入目标(目标计费时间)和(新的)投资活动之间顾此失彼的局面。

那么不计费工时中,有多少比例应该作为投资类时间来进行提前规划呢?显然不是 100%。还是需要留出时间来做那些"日常杂事"——工作任务之间的过渡、阅读电子邮件、整理思路,还有日常生活中大量的琐碎杂事。而且,你也不能把所有的时间都安排出去,完全忽略那些可能会占用不计费工时的突发事件(潜在的业务机会、个人的紧急事件和预料之外的客户诉求)。

理想的情况是循序渐进,先将一部分不计费工时(比如一半)用于有助于未来成功的活动上(然后,逐步提高规划时间的比例)。

对于上面提到的普通会计师而言(每年约 1400 小时不计费工时),这意味着有大约 700 小时用于规划好的投入活动,然后剩余 700 小时作为个人时间,用于处理日常杂务。这样安排应该足够了。

投入时间的管理

对于在专业服务公司里工作的专业人士,我还会再问一个问题:你有多少不计费工时花在联合项目上，或者与别人一起合作，利用各自的不计费工时，共同完成某项巨大的任务？答案照样是不出所料的低。对于业务部门来说（以10名合伙人为例），如果每人贡献700小时（每人还剩下700小时不计费工时），就可以合力创建一个7000小时的能量池，用来进行业务提升。这肯定比每个人各自为政，单独规划自己的700小时更有成效。有了这个7000小时的能量池，10人团队就可以共同商议、共同决策，投入高回报的活动来创建未来，也可以互勉互促完成这些共同计划。

针对上面这个简单的管理流程，我有两点改进建议。第一，没必要把所有的不计费工时都贡献给同一个部门。只要所属关系明确，理想的情况是允许员工选择一两个不同团队。

成为团队一员，意味着你必须贡献至少一半的投资类时间（在上面的例子中是350小时）供团队支配。然后，你必须与其他成员共进退，用团队的投入时间，去实现有意义的结果。

请注意上面的团队不一定是个人所属的部门或者事业部。例如，税务从业人员编制上属于税务部门，但是可以与其他部门员工共同投身于公司在某个细分行业的业务拓展，或者提高公司整体的招聘成效。以投资为目的的团队组建不必拘泥于公司以收入核算为目的的正式组织架构。

第二，规划到回顾的周期定在三个月比一年要好。也就是说，与其10人团队来决定接下来一年用7000小时来做什么，不如大家每个季度碰头，商量下个季度用1750

> 以投资为目的的团队组建不必拘泥于公司以收入核算为目的的正式组织架构。

小时做什么——每年四次。周期更短，才能更有利于确保计划得以如实执行（请参看我的另一本书《专业服务公司的管理》中"速成战略"章节）。

时间应何去何从

不计费工时最好花在什么地方呢？你可以参看表 5-1。其中我列出了 12 项每个专业服务公司都应该要做好的业务流程［独立执业人（个体户）可以忽略 9 至 12 项］。你可以自行评估你所在部门或者公司在这些重要业务流程方面的表现，按照对未来成功的相关程度进行排序。

表 5-1　专业服务公司的关键业务流程

你在以下流程中的表现如何
你认为哪些流程对你未来的成功最为重要
请按下面的标准打分
5 = 无疑我们表现非常出色
4 = 我们略好于平均水平
3 = 我们属于平均水平
2 = 我们略差于平均水平
1 = 我们表现很差

1. 创建新的方法来解决客户问题
2. 找到新的方法降低专业程序的执行成本
3. 获得客户主动推荐
4. 单个客户项目转变成长期合作
5. 持续收集市场情报，跟踪客户新需求
6. 在重要的市场上让客户知道我们的能力
7. 将业务咨询转变为项目（销售流程的有效性）
8. 创新服务
9. 吸引潜力大、适应性好的新生力量
10. 向初级员工传授专业技能
11. 培养初级员工成长为新的合伙人
12. 在合伙人中传播和分享知识与技能

你对以上哪些流程有明确的投资计划

这份清单的排序不分先后。不过大多数专业服务公司倾向于认为自己在清单中第 1 项（"创建新的方法来解决客户问题"）的表现最佳。其他项的表现可能是尚好或者欠佳。例如，其中第 2 项（"找到新的方法降低专业程序的执行成本"），专业人士普遍对自己的打分都较差。这有些让人出乎意料，因为几乎在每个行业，长久以来收入压力都是不可争辩的事实。

显然，如果员工可以通过重新设计工作流程来降低成本，那么他们将获得一项竞争优势：他们可以把节省的成本让渡给客户，转换成额外的利润，进行再投资，或者用于其他什么地方。然而，大多数专业服务公司不会去探求降低成本的方法。为什么呢？因为这需要一个考虑周全的计划，并投入不计费工时来完成——而大部分专业服务公司无法有效组织执行这类项目。

> 大多数专业服务公司不会去探求降低成本的方法。为什么呢？因为这需要一个考虑周全的计划，并投入不计费工时来完成——而大部分专业服务公司无法有效组织执行这类项目。

清单中第 3 项（"获得客户主动推荐"）和第 4 项（"单个客户项目转变成长期合作"）涉及两个现实问题。第一，为新客户完成的项目中，有多少转变成长期的合作关系？第二，有多少客户主动向他们的朋友和生意上的熟人推荐你？显然，如果你在这两项上得分很高，那么你的未来将会前景大好。但不用说，如果缺了在客户服务和关系维护上精心投入那些不计费工时，这是不可能实现的。

以上不是我新创的观点——它们存在已久。问题在于：你是否有一个条理清晰、考虑周全的计划，将不计费工时切实用来改善这些方面？或者你是否像大部分专业人士一样，想当然地认为（和祈祷）这些事情自然而然会发生？它们不会。你必须为之努力！

清单中接下来的流程关于市场营销（或者业务开发）：收集市场情报，建立知名度，赢得项目和服务创新。专业服务公司通常不会忽视这些方面，但在这些工作的组织和管理上差异巨大——虽然在这些事务上花费了大量的不计费工时，却极少经过精心策划。

清单的最后部分关于如何培养专业服务公司所出售的技能：吸引人才，传授技能，进行正确管理和引导，确保他们将来成为富有价值的合伙人候选人；在合伙人中分享知识和技能（即能够有效开展部门会议，让每个人都能积极参与）。

令人遗憾却也不出人意料的是，最后一组关键业务流程大家表现最差。还是一样的原因，不是因为不明白该怎么做，而是个人和专业服务公司缺乏纪律性，去制订周密的计划，有效改善现状。

我不建议个人或团队同时针对以上 12 个流程进行全面出击。比较好的做法是，在一个规划周期中，只选取几个关键领域，制订行动方案，在目标领域内争取进步。这个季度没能攻克的领域，可在接下来的规划周期内继续各个击破。诀窍是要行动起来！

我自身的经验

我们在讨论的不是什么难以理解，或者很难做的事情。我们可做的事情很多，而且（对我们中大多数人来说）也有足够的时间去做。然而，想要这一切都成为现实，必须要改变我们的思维方式。我们必须开始真正地关注未来，接受工作中不曾有过的自我约束。

以我自己在咨询工作中的经验为例：不管对不对，我都决定要经常写一些文章，因为我认为这对我的声誉和我的未来很重要，即便这不会给我带来任何收入（不是可计费的工作），也不会产生直接的销售（很少人会指着我的文章说"我们快聘请这个家伙吧"）。

在做时间预算时，我会在日历上特地留出两天来"写文章"。如果客户或潜在客户致电想要预约那两天的时间（按照标准费率支付报酬），我会尽可能地跟他们协商调换别的时间，因为这段时间已经约满了。向客户说"抱歉，这天的时间已经约满了"也是常有的事——当我们已经有了别的安排，我们也会不得已向客户这么解释。但是当发生冲突的另一方不是另外的客户，而是事关自己未来的投资活动，我们中又有多少人会真的这么去做呢？

对现有客户真正紧急的情况，我自然会倾向于更加配合，主动进行调整。但如果是新客户来访，除非对我而言着实具有重大战略意义，否则我不会牺牲我的投资类时间。

要认识到的关键点是，即使我为了满足客户需求不得不牺牲事先规划的投资类时间，也不意味着免除了我完成投资任务的责任。我为既定的投资活动设定了明确的期限，并严格遵守。即使这意味着我必须熬夜或者通宵，我也必须把文章写完。它们是我的未来。

每个季度，当我的导师（我的妻子凯西）对我的表现进行评价时，我们不仅会关注我的收入业绩，还会关注我在未来投资方面的表现。我是否按时完成了我的写作任务？如果我没有完成既定的投入目标，新增收入不能抵消我的自责，就好比多写一篇文章的成绩并不会允许我接受完不成收入目标。两种目标都不可辜负。由于凯西是一位非常好的导师，我会确保自己尽最大的努力去同时实现两种目标。

我要再次强调，总体上在赚钱和为未来投资之间不存在顾此失彼的关系。你也有足够的时间去同时实现两种目标。然而，如果必须在声誉和赚钱之间做出选择，我希望我能够英明地选择捍卫我的声誉。如果必须在现在赚钱和未来赚钱的能力之间做出选择，我希望我能理智地选择未来赚钱的能力。而其他的选择不但违背了商业惯例，而且是在自取灭亡。

> 总体上在赚钱和为未来投资之间不存在顾此失彼的关系。你也有足够的时间去同时实现两种目标。然而，如果必须在声誉和赚钱之间做出选择，我希望我能够英明地选择捍卫我的声誉。

6

你愿意被管理吗

在专业服务公司中，你只能管理员工让你管理的东西。如果同意被管理，意味着员工必须主动同意或接受新的责任。他们必须同意（或者至少默许）放弃自己呵护备至的自主权。他们必须同意被管理。

但是作为（自主执业的）专业人士，我们为什么要同意由别人来管理自己呢？我们为什么甘愿接受为我们的自由设置边界？我们为什么要同意承担更多的责任呢？

那是因为，如果人们都无须为对自己的所作所为负责，那么他们也就不太可能取得什么大的成就。如果不用承担责任，我们中大多数人只会在远低于自己潜能的真实水平之下游离。最后还有一个问题要考虑，专业人士应该为什么事项负责。他们必须考虑哪些业绩领域、目标和行为对成功至关重要，然后同意为这些事项的执行情况承担责任。

> 如果人们无须对自己的所作所为负责，那么他们也就不太可能取得什么大的成就。

对话

最近我接到一个专业服务公司的合伙人打来的电话，她说她所在的公司决定将提供真正卓越的客户服务作为公司竞争战略，在市场上杀出重围。作为计划的一部分，他们编写了一份客户反馈问卷，用来评价（在客户眼中）他们在项目上的表现如何。

"好主意！"我说，"你需要我做什么？""嗯，"她解释道，"我们的服务水准很高，只是没有进一步提升。我们的员工说他们相信公司的战略，而且我们在这方面精心设计了培训计划，他们应该也知道要怎么做——只是他们看起来参与的积极性并不高。我们想请你来给我们做个动员演讲。"

"我不确定你们需要的是这个，"我回答，"让我先问几个问题。每当收到客户反馈问卷时，管理合伙人或者部门负责人有没有在第一时间去查看问卷？如果反馈结果不是最好，他有没有找相关人员来讨论没有得到好评的原因？"

"噢，我们不能这么做。"她说，"我们担心客户反馈结果会成为我们头上的紧箍咒。我们是自主执业的合伙人，生活中不缺压力，我们不想再受制于人。"

"但是这种管理机制不一定是惩罚性的，对吗？"我问道。"管理人也可能是来提供支持的。比如，他可能会说，'显然项目进展得很顺利，但是客户看起来好像不太买账，不认可我们提供了真正卓越的服务，也许我们能看看是什么原因。'也许是客户蛮不讲理——但既然我们决定了要以提供真正卓越的服务为战略，那么我们应该打给客户，问问他们下次希望我们可以怎么改进。你可以打给他们，告诉我们讨论的结果。或者，如果你需要，我们可以一起打给他们。"

"我还是觉得不妥,"她说,"这听起来就让人头大。为什么我们不能就激励大家按照我们既定的战略前进就好了呢?""可能很难。"我回答道。然后我接着说,"我再问最后一个问题。如果有员工的计费工时下降,或者没有按时发出账单,部门负责人是不是会去查看项目是否出了什么问题?""这个,那当然了。"她说,"我们在这方面看得很紧。大家也都知道公司会对财务表现进行管理。"

我忍不住说,"那为什么你们不能放弃对财务表现进行严格控制,而只是激励员工自行管理财务表现就好了呢?"(我立即请她原谅我的自作聪明。)她回答道,"我们同意对财务表现负责,但是没有说要对客户满意度负责。""但是你刚开始不是说你们打算采用提供卓越客户服务的战略吗?"我问。"是啊,是作为公司的战略。"她答道,"但是我们从来没有说要让个人为公司的战略负责啊!"我已无话可说:"那你们根本没有真正地在战略制定上取得共识。定下某项目标,却又对实现目标的过程不管不顾,那定下目标又有什么意义呢!"

> 定下某项目标,却又对实现目标的过程不管不顾,那定下目标又有什么意义呢!

自主权与成就

是不是专业服务公司或者员工不够聪明,不能建立我所描述的问责制,或者比这更好的制度呢?当然不是。每个人都有权利选择自己想要的职场生活。但是,如果认为在缺乏有效的监控机制来保证高度的执行力的情况下,也能实现(某个领域内的)卓越目标,那就真的是自以为是了。

之所以讲这个故事，不是为了对其中的客户服务战略或反馈问卷品头论足。在常常出现在个人和专业服务公司的心愿清单或者新年决志要解决的事项中，如员工管理、合作、市场营销等，同样的故事时有发生——虽然有意解决问题，却不愿为了达成目标建立或接受问责制度。就像老话说的那样，黄泉路上徒有好意多，光说不练是不够的。

这不是伊曼努尔·康德所说的绝对命令，你必须无条件服从。然而，康德还提出一种假言命令：如果你想要 X，那么你必须先做 Y。没人告诉我的客户，他们必须将提供真正卓越的服务作为竞争战略。但是如果他们自己做出了选择，那么想要达成所愿，就必须去做某些事情，比如接受个人问责制度。如果他们不想去做这些事情，那么也就不该指望能够实现目标。

这好比我之前讲过的一个例子：节食健身计划。很少有人需要别人来告诉自己，保持身体健康是明智之举，好处多多。大多数人都了解并同意，如果我们保持健康的生活，所有好的事情将会随之而来。同样，大多数人都知道应该如何保持健康的生活。对小部分人来说，这样就足够了。只要通过简单的自律，这些人生楷模便可以主动去做自己认为应该要做的事情：他们定期健身，保持健康饮食，然后收获成果。

然而，我们中很多人（可能是大多数人）不是这样。我们有着各种行动的意愿，却仍旧体重超标，不想锻炼。对某个目标坚信不疑，对它带来的种种好处以及如何才能实现目标一清二楚，但这些都不足以改变我们的惰性。自律对我们不起作用。为什么呢？这是由于改变个人或职业生活方式就像减肥和健身一样。首先你必须痛下决心，要彻底改变自己的生活方式。如果只是三分钟热度，锻炼或者节食几天，当然不会有什么效果。

对专业服务公司来说也是如此。如果你只是把提供真正卓越的服务——或其他什么事情——当作是有空闲时间才去做的偶然事件，那么你不能指望从中有什么收获。我们都知道，节食的过程先苦后甜，你首先要忍受各种不适和痛苦（丧失了享受美食的无穷乐趣）；收益是计提的未实现事项，只有在坚持节食的条件下才能得以实现。人类的大脑不是单回路构造，不会简单地发出"现在付出，以后收获"的指令。

"监督权"

那么，什么才能让我们改变呢？对大多数人来说，答案是在自律的基础上寻找外部监督。我们必须主动、特意、自愿地把"监督权"交给别人，督促我们执行既定目标。对大多数人而言，这里的"别人"是我们的伴侣。几年前，我的妻子凯西决定要戒烟，让我一旦发现她有任何动摇就坚决劝阻。有那么几次，我作为她的外部监督，（温柔但坚定地）提醒她要坚持完成目标。最终她完成了这个艰巨的任务——真的戒掉了。她交出了监督权，却收获了炫耀资本！

请注意关键点在于：无论是在婚姻中还是在公司里，只有在对方事先同意你提供帮助的情况下，监督才可能发挥功效。否则，不断强调这是你的目标，不是别人的目标，只会让人抓狂，而且几无收效。

只有被认为是以提供支持为目的，而不是为了任何负面或者惩罚的目的，监督才能真正发挥作用。而其中的诀窍是个人是否愿意承担责任。很多时候，这很像运动员和教练的关系。教练会激励、要求、坚持让运动员再来一次。而运动员认可教练的严厉，因为这是为了实现运动员自己定下的目标。这好比说，"我对目标坚信不疑。请让我忠于我的内心。如有必要，请逼迫我做到最好。"只有这样，才可能取得超常的成就。如果你拒绝被监督、被教导，或承担责任，那么你很有可能无法实现更大的成就。

另一个与工作相关的例子是我计划定期发表文章的想法。我相信长期来看，发表文章会对我的工作助益良多，我应该要坚持完成一年八篇的写作任务（以前任务更重）。但是，和大多数人一样，我发现写作（不停地写）是一项繁重的琐事。我喜欢写完之后的成就感，但是实在发现不了写作本身的乐趣。那么我要怎么确保自己完成任务呢？我向脾气倔强的杂志主编做出具有约束力的承诺，为他们的月刊撰写定期专栏。我将监督权交给了别人，逼我就范，做好本应自觉自愿做好的事情。

民主与无政府主义

尽管我在上面已经解释了为什么专业人士要接受统一管理，但仍然还存在整个公司一致行动的问题。专业服务公司这个词本身就充满了矛盾。长久以来，"专业"这个词意味着高度自主权，而"公司"这个词则意味着某种形式的统一行动。这两个矛盾的概念要怎样才能共生共存呢？

专业服务公司的价值观、准则以及战略不是靠说，而是靠做。专业服务公司必须有某些最低标准，所有人都不得违背，没有任何商量余地，这样专业服务公司作为一个团体才可能有声誉可言（针对这一主题的更多内容，请参看第 8 章 "实际行动中的价值观"）。

如果员工可以自行选择是否遵守某项标准——例如深刻了解客户业务，那么专业服务公司永远不可能树立起这方面的声誉。对于需要长期坚持的价值观或者战略，专业服务公司决不能姑息任何违规情况。

> 对于需要长期坚持的价值观或者战略，专业服务公司决不能姑息任何违规情况。

违规必究对专业服务公司来说并不陌生。有两件（只有两件）事情是大多数专业服务公司都会严格执行的。第一，所有人都必须具有合格的专业技能。如果违背这条规则，必须承担相应的后果。专业服务公司必须对违规情况进行处理，要么提供帮助或者调岗，要么劝退。合格的专业技能就是一项没有任何商量余地的最低标准。第二，你不可以长时间内持续造成公司太大损失。如果违背这条规则，管理层将会给予重点关注，并施加压力要求解决问题。公司（以及合伙人）不能容忍这种状况持续下去。

就是这样！在多数专业服务公司中，只有合格的专业技能和收入是不得不做的两件事。你或许被鼓励在其他方面（客户服务、初级人员培训、参加部门活动）追求卓越，但是你不一定非得去做。即使在这些方面做砸了也没什么大不了。它们不是俱乐部的入会条件。

为什么专业服务公司单单只对这两件事不容异议呢？很容易理解：专业服务公司通常会坚决执行那些如果不做，就立即会带来伤害的事情。比如我们没有发出账单，就会导致今年的收入减少（尽管如此，员工和公司常常还是会一拖再拖，然后在财政年度的最后一个月发出一份可能与实际情况有所出入的账单）。而公司没能执行那些事情，往往可能需要众多的外部支持、鼓励和协助，而且如果不去做这些事情，带来的将是长期的伤害。这才是最需要坚决执行的事情。然而，想要获得多数人支持去严格执行这些事情，十分不易。

问题部分在于专业服务公司的管理模式。很多专业服务公司都喜欢（引以为傲地）自称是民主的机构。但实际情况并非如此——很多专业服务公司不是民主主义者，而是无政府主义者。民主的本质是对问题进行广泛的讨论，征求各方意见，得出多数人赞同的观点。（最为关键的是）如果新政策得到大多数人支持，就会进行立法，然后所有人都必须遵守。

无论事先进行了多么广泛的讨论和意见征求，无论成为公司法则需要达到的赞同比例如何高，很多专业服务公司根本没有能力实施有约束力的法则。每个合伙人用行动表示"这里没有王法，只有我！"政治学上把这叫作无政府主义。

我们再来问，专业服务公司给予合伙人高度自主权是不是不够明智？答案是，如果员工和公司能够明白各种选择之间的权衡取舍关系，他们可以按照自己的意志自由选择。如果专业服务公司制定的规章制度不能得到从上至下的执行，那么基本上也不太可能树立起公司的声誉、品牌效应或者共同文化。

对每位专业人士来说，这都是一个很有意思的选择。你想要归属于什么样的专业服务公司？是提供给你最大自主权的专业服务公司（或许更重要的是，所有员工的自主权），还是在各个领域内（不仅包括基本领域）严格执行最高标准的专业服务公司？这不是空洞、毫无意义的选择，而是众多专业人士每天都需要面对的选择。

在我的职业生涯中，面临以上抉择的时候我正处在一个紧要关头。我在一个很好很可靠的大学教书，同事之间关系融洽，学校给予每位教职员工高度的自主权。在这里，职工的业绩评价要么不过是走走形式，要么根本就没有。你无须为了保住饭碗而特意去做什么。因此，大多数人都能保持胜任工作，但从来不会"高产"。除了少数积极主动的人外，在这里可以实现的成就感比上不足，比下有余。

然后我接到了来自哈佛商学院的邀请。据我所知，那里的标准更高，教职工面临重重压力，必须要做到最好，自主权（尽管也很高）受制于强大的学院文化。我的难题在于是否要放弃现有舒适、高度自主和不必处处受制的生活，转而投身严苛（即使可以获得支持）、高标准以及必须追求卓越的文化环境之中。因为我想知道，如果我真心努力，我可以最终走到哪一步，所以我最终选择接受了哈佛商学院的邀请。

当然，你可能会说，因为哈佛商学院本身就盛名在外，这样的选择没什么难的——放弃自主权加入更有名望的机构当然值得，但如果是相反方向就不值得了。但是，我认为这其实是相辅相成的，正是严格执行的高标准创造了这些成就和名望。

每个专业人士必须要选择自己想要加入什么样的团体——是为员工提供最大自主权的专业服务公司，还是在某些重要方面对你（和所有员工）进行管理的专业服务公司？除非经过你的同意，没人能真正对你进行管理。但是，如果你想要获得自己能力范围内最大的成就，那么我相信你有很好的理由去接受管理。

我不喜欢唯命是从，不喜欢别人不经商量就让我做这做那。但是我也不确定我会喜欢无政府主义。我想要在民主的环境中工作，其间以高标准和共同的价值观作为运行法则,且两者皆不容妥协。

作为专业人士,我认为我和我的同事都不应仅仅只为财务表现负责。只要对每个人而言都是平等和公平的,我会接受在我认为重要的领域内实施严格的问责制。

那么你呢?

> 除非经过你的同意,没人能真正对你进行管理。但是,如果你想要获得自己能力范围内最大的成就,那么我相信你有很好的理由去接受管理。

7

我为什么要追随你

对每个专业人士而言，职场的第一个挑战是学习如何成为一名专业人士。很多专业人士还会面临学习如何成为领导者的挑战。最初这样的挑战出现在学习如何进行项目管理的时候，然后在升任部门负责人、办公室负责人甚至管理合伙人（或类似职位）时也会面临这样的挑战。但不管是什么级别的管理职位，都有一些关键性的领导原则。

学会领导专业人士并非一桩简单的事。专业人士有着很高的自主权，如果他们自己不愿接受别人的影响，那么领导者将难以得到认可、取得成功。多数专业人士都不喜欢被领导或被管理，极其反感别人对他们的工作指手画脚，或对他们的表现说三道四。因此，想要成为专业人士的领导者，对他们施加有效的影响，你必须满足一些苛刻的条件。

为了探讨什么样的领导模式才能发挥作用，我们先来想想每当新官上任时，那些藏在专业人士心里、极少说出口的问题："为什么我要追随你？为什么我要听你的？"想要给出他们满意的答案，领导者必须满足四个条件：动机、价值观、技能和风格。

动机

作为我的领导候选人，首先你必须要满足动机条件。只有当你向我证明你本质上追求的是部门或机构的成功，而不是满足个人私欲，我才会接受你的影响和指引。领导者的任务是帮助他人获得成功，而不是仅仅寻求自己的成功。如果我不相信你的动机，其他一切都免谈——因为我最大的担心是你的诚信问题。

你怎样才能说服我呢？显然事实胜于雄辩。你是否有帮助别人的记录？你是否曾让别人参与你的客户项目，然后委以重任？在成为领导候选人之前，你是否常常为别人的工作贡献时间和想法来帮助他们取得成功，即便这对你而言没有任何直接的好处或者奖励？你能否给我举一些例子，说明即使在需要牺牲个人利益的情况下，你也会选择将公司（或者部门）的利益放在首位？

我不会轻信承诺，相信你在成为领导之后就会开始这么去做——江山易改，本性难移。我要找的是已经在这么做的人！领导者应该美名在外，善于号召团队去为了实现公司或部门目标精进合作。好吧，那么当你还只是我们中间一员的时候，你的表现怎样呢？在升至领导职位之后成为楷模固然不错，但是在此之前你是不是也是楷模呢？

为了进一步看清你的动机和态度，我可能还会向和你一同在客户项目上工作的初级员工了解情况。他们怎么看待你在项目上表现出的领导、管理或者督导能力？你是否让所有人都清楚地了解项目的进展？你是否会组织项目组讨论会？你是否会对团队成员既严格要求又提供支持，对他们委以重任，并帮助他们取得更大成就？如果你在做经理或客户项目负责人的时候都没有好的表现，我又怎么能相信你在成为部门或者公司负责人之后会突然改变呢？

价值观

如果我认为你满足了动机条件，接下来我想要知道的是"你的核心价值观是什么"。（只有）当我相信我们有着相似的目标，我才可能接受你的影响、指引和指导。我希望你独有的工作理念能赐予我力量，引发我共鸣。我不希望听到的是，你只是会在担任领导职位之后，才开始树立这样的理念。信誓旦旦要坚守一个刚刚树立不久的工作理念并不能让人信服。我理想中的领导者，应该已经拥有明确的价值观，并付诸实践。如果不得不被领导，我理想中的领导者是坚持原则的人——而不是见风使舵的人。

同样，我会通过你过去的行为来判断你是否真的对信奉的价值观坚定不移。你是否曾经为了坚持自己的价值观，而牺牲个人利益？例如，如果你试图告诉我你坚持追求卓越，追求最高标准的质量，我会去看你过往的所作所为。你是否曾经在你或者你的部门已经忙得不可开交，如果再增加工作量将不能保证工作质量的情况下，推掉新的工作（或者拒绝投标邀请）？很多专业服务公司的领导人的行为显示，他们认为只要工作质量"过得去"，任何拒绝当前赚钱机会的行为都是错误的。先不说这是不是良好的商业惯例，这样的行为实在称不上是在坚持追求卓越。

不要大肆宣扬你还没有付诸实践的理念。纸上谈兵引

> （只有）当我相信我们有着相似的目标，我才可能接受你的影响、指引和指导。

不起我的兴趣。让我有所触动的人不仅会坚守原则（如果明知道我们无法提供卓越的服务，我们就不应该接受工作机会），还会在行动中切实遵守原则。想要激发我的主动性，你必须要能证明你更加在意长期的成功，而不是当前的利益。同样，我理想中的领导者会更加关注变得更好，而不只是变得更大——我可以接受被领导，但领导我的人不能只顾建立私人王国。

如果作为领导者，你要做的是影响和激励我们大家，那么你必须要用你的热情感染我们。我说的不是对金钱的过度痴迷。如果我准备好跟随你并接受你的影响，那么我希望你对工作充满热情，对客户和他们的问题乐此不疲，对追寻有意义的结果严肃以待。如果赚钱是你的首要目标，你将不会是个好领导。也许你会是一个优秀的财务管理人，但绝难成为好的领导。

最好的专业服务公司或部门领导者在激励员工付出超常的努力时，不会说"努力工作吧，这样我们就会变得更有钱"，而是会帮助我们找到工作的意义。如果你想要我更进一步，去实现真正的卓越（然后我们所有人都会因此变得富有），那么帮助我，让我在你想要我从事的事情中，找到乐趣、挑战和成就感。我将更容易受到这样的触动："努力工作吧，我们一定可以成为最好的——不仅在我们自己眼里，在客户和竞争者眼里也是如此。尽你最大的努力，我们可以为客户创造质的飞跃。如果我们做到了，那么财富将会随之而来。"

> 如果作为领导者，你要做的是影响和激励我们大家，那么你必须要用你的热情感染我们。

技能

（只有）当我认为你满足了动机条件并认可你的价值观，我才会去接着看你是否满足技能条件。如果我会听你的，我希望，也要求你能对如何进一步提升公司业务水平提出有建设性的见解。我们常听人说，领导者必须要有远见。不全是这样。有远见很容易："我们的目标是成为市场上最好的，保持最高的水准，精进团结，为我们所有人创造相互扶持的环境……"千篇一律的说辞！真正难的是找到新的工作思路，带领我们实现这些目标。

为了考虑是否要接受你的领导，我要知道你以前在工作创新方面的表现。你是否曾经提出新的（或者更好的，已得以推广）的方法来提高我们的工作产出？这些方法包括客户服务或者市场营销的新方法，新的方法体系、模板或者工具，有关员工培训和发展的新方法。如何证明你在公司业务运行的某个方面有所创新？我会向每一个和你工作过的人询问："如果你遭遇瓶颈，需要有创造性的思路，他能否给你提供切实有用的建议？"

我还希望，如果你来到我的办公室为我做业绩评价（作为经理和领导者的一项具体工作），你能够给我一些真正有建设性的意见，比如如何做我才能进一步提升，做出更大的成就。如果只是告诉我你还需努力，但没有告诉我怎么去努力，这不是在领导——只是在挑刺。对我真正有所裨益，我自然会听你的！但如果不是，请你出去！

> 对我真正有所裨益，我自然会听你的！但如果不是，请你出去！

风格

最后，如果你能满足以上三个条件，我将会关注你的风格。好的领导也必定是卓有成效的导师，帮助我和我的同事去不断努力，去实现目标。这意味着为我找到（或者更理想的情况是，帮助我找到）富有挑战性的目标。想要获得成效，好的导师必须要两手抓：一方面，你要提供帮助和扶持，否则我不会接受你的指导和批评。另一方面，你必须保持一贯的雷厉风行，督促我为更进一步的目标努力。

两者缺一不可。如果你只会严厉苛刻，你不过是匈奴大帝阿提拉，试图征服我——我不会臣服于强权，我不会追随你。你可以逼我就范，但你得到的不过是行尸走肉。此外，如果你只会一味提供帮助和扶持，你不过是懦弱的人，将会一事无成。我需要，也会接受的领导者是友好的怀疑者、体贴的批评者和苛刻的支持者——他敢于给予正面的和批评性的反馈，并清楚地知道合理利用这两种手段。想要找到这种平衡很难，但是必须要这么做。

如彼得·弗里德斯［翰威特咨询公司（一家专注于精算、薪酬和福利的专业服务公司）前领导人］对我说的那样，我们中大多数人过于倚重其中某一方面的手段。例如，有些人偏重于苛刻的做法，如果不起作用，他们就会变得更加苛刻——这是他们知道的唯一的领导方法。实践证明这常常收效甚微。还有人偏重于提供扶持、鼓励和支持，如果效果不佳，他们会提供更多的扶持——这同样收效甚微。为了确保实现更加有效的平衡，真正有用的办法

> 一方面，你要提供帮助或扶持，否则我不会接受你的指导和批评。另一方面，你必须保持一贯的雷厉风行，督促我为更进一步的目标努力。两者缺一不可。

是学会对抗，且顺应你下意识倚重的工作风格。

关于风格还有一个重要问题：征求意见。在大型专业服务公司中，不可能每个决策都要求所有人来参与。尽管如此，每个人还是需要感受到，在进行决策的时候，有人倾听他们的心声，在意他们的看法。因此，我理想中的领导者会在重大事项上事先广泛征求大家的意见。我不指望我的想法都会被采纳，但我真切地希望我可以及时反馈我的想法——来得及且有机会对决策过程产生影响。

很多专业服务公司领导人每每听到有人提出公司内部存在沟通问题时，就会认为对方想让他们更多地解释发生了什么事情。其实不然。我并不想听你喋喋不休——我只是更想有人倾听我的心声！花一点时间征求我的意见，保持条理清晰，一针见血地指出问题所在。"没有时间征求意见"的说辞只证明了你工作效率不高的事实。

小结

简而言之，我不希望部门（或公司）的领导者是个冷血、精于算计的"商人"。我理想中的领导者敢于关心客户、关注质量，也会在意高级或初级员工以及行政支持人员。他上任是为了给别人的生活带来改变，而不是为了谋求职位、头衔或者权力。我希望他的到来，会让我们说："自从他上任以来，工作氛围变得更好，工作起来更加带劲。每一天都在不断印证我们有着共同的价值观，因为我们各自都有所改变。"如果有这样的领导者，我甘愿接受管理。

像老话说的那样，"不是领导者创建了企业——而是领导者建立的团体创建了企业。"因此，选择公司或者部门负责人的唯一，也是最相关的标准是：他是否有兴趣组建团队，并因别人取得的成就获得自我满足。

长久以来，人们不断争论领导能力是天生的，还是后天养成的。好的方面是，如果有帮助别人的真实意愿，那么辅导、领导、管理等方面的能力都是可以学习的。难点不在于帮助领导者学习各项技能，而是找到态度正确的人。想要成为领导者，先要满足动机和价值观方面的条件，然后还要满足技能和风格方面的条件。由于过去的所作所为胜于雄辩，应根据候选人在争取新职位之前所表现出的行为进行判断。领导能力不是平地风波，不会在上任之时乍然出现。

拥有这样领导者的专业服务公司是存在的，但不幸的是寥寥无几。最让我担心的不是现在的专业服务公司领导者常常无法完全满足职位的要求，而是他们中很多人根本没有打算要去满足这些要求。

我常常看到专业服务公司里的部门组织架构缺乏逻辑。如果这本身不是历史偶然事件，那便是历史偶然事件造成的结果：在决定部门领导人选时，不是因为他们有心成为导师、领导者或管理者，而是出于别的原因，比如拿项目的能力或者行业地位。同样，薪酬结构也毫不考虑他们在领导或管理活动上的表现。所有部门负责人必须和别的员工一样，把所有的工作时间用来从事客户工作——除此以外再谈管理。这当然是不可能完成的任务。

这种情况并非不可避免。我想说的领导力，不过是在管理员工时坚持专业主义精神。而唯一要做的是找到这样的一小部分人——在同事眼中，他们乐于帮助别人不断成长进步，实现自我满足，事业蒸蒸日上。如果公司里根本找不到这样的人，那着实可悲！

> "不是领导者创建了企业——而是领导者建立的团队创建了企业。"

> 最让我担心的不是现在的专业服务公司领导者常常无法完全满足职位的要求，而是他们中很多人根本没有打算要去满足这些要求。

第二部分

(主要)关于专业服务公司

8

实际行动中的价值观

大多数专业服务公司都提出了自己的使命和愿景，而且其中无一例外都会强调客户服务、团队协作，以及营造舒适的工作氛围。这些使命和愿景听起来都十分美好，如果能够切实执行，专业服务公司又何愁不会成功。

然而，很多专业服务公司或多或少都有误区的是，准则和价值观并不取决于期望什么（"我们的目标是追求卓越"），而取决于执行什么。如果可以随意违反，那么就不能称之为价值或者准则。只有存在界限清晰的、没有商量余地的、可接受的最低行为标准时，你才可以说专业服务公司建立了价值观。尤其，是否存在违规后果直接决定了价值观是否具有实操性（即对专业服务公司运行产生实际影响）。

> 然而，很多专业服务公司或多或少都有误区的是，准则和价值观并不取决于期望什么，而取决于执行什么。

我们来看一个例子。某个专业服务公司有着非常强大的团队合作文化。公司中一名资深员工的最新著作受到外界广泛好评。且因为广受关注，他为公司带来了大幅收入增长——但他的工作方式与公司团队合作的文化有所抵触。他只顾建立自己的私人王国，拒绝与其他员工共享信息。他还开始笼络忠心于他的初级员工，建立自己的"嫡系部队"，对其他初级员工拒而远之。而在管理层看来，这些员工如果能够参与到他拿到的项目中，他们应该会大有收获。

尽管管理层找这名资深员工谈了很多次，提醒他公司关于合作和共享的制度，但他依旧我行我素。公司里的其他人，看到他的成功，开始问自己（和管理层）："我是不是也应该这么做去获取成功呢？只要我能拿到很多项目，是不是我（也）可以无视公司的一贯传统？"公司内部合作和团队协作的程度因此大幅下降。

公司面临艰难的选择，必须要决定哪个更重要——是这名员工的专业著作，还是公司的文化和价值观。日渐明显，公司不能兼顾两者。如果大家看见公司管理层放任这位所谓成功员工的不当行为，那么他们将会对公司推行的团队协作和内部合作的政策失去信任。必须进行抉择，不能再拖了。

公司真的相信团队合作是正确的战略吗？或者他们其实应该不要那么理想化，要更加实际一些？他们是不是应该换个思路，欣然接受来自"这只离群大象"为公司带来的营业收入呢？经过仔细思量，他们最终选择坚守自己的文化，让这名员工离开了公司。结果呢，公司继续蓬勃发展——而这名员工开创了自己的新公司，事业同样红红火火。

通过这个故事，我想说明的是，为了实现长效收益，故事中的公司选择坚持他们的价值观，甘愿承受由此带来的短期收入损失，而现实中有勇气这样去做的专业服务公司并不多见。在大多数专业服务公司中，收入指标表现好的员工（如果有）很少会被质疑他们在遵从"价值"方面可能存在的问题。因此，很少专业服务公司能够真正地拥有切实可行的价值观。它们宣称自己有，但员工大多觉得不过是说说而已。

> 很少专业服务公司能够真正地拥有切实可行的价值观。它们宣称自己有，但员工大多觉得不过是说说而已。

以下情形更加常见。在管理合伙人的会议上，我想通过分析一个经济案例来说明良好的项目管理所应具备的基本要素——确保执行任务的所有初级员工都能了解相关交易的整体情况，明确他们的职责所在，他们提交的工作成果会得到反馈等。在场的人都同意，如果所有员工都能用心做到这些，那么专业服务公司为客户提供的服务可以达到更高的质量水准，可以消除效率低下，培养出更多积极主动的初级员工，（重要的是）也会赚到更多的钱。然而，多数管理合伙人认为他们的公司在这些方面表现平平，没能做到最好。

尽管这些管理合伙人都认可如果在这些方面做到最好可以带来财务收益，但是他们自认为没有能力（或者某些情况下没有意愿）去提出这样的标准，然后也没有资格去执行这样的标准。这些方面的行为都是每个员工自己的选择。在督导项目组成员时，他们只要做到不出乱子就行了，没人要求他们要做到最好。他们督导年轻员工的普遍态度貌似是"过得去就行了"。因此，与真正的卓越相伴相生的收益也不曾出现。

请注意，案例中的问题不是员工在做"坏"事。多数专业服务公司都会坚决抵制在管理中实施暴行，或者涉嫌猥亵或性骚扰的行为。问题在于容忍度的高低。大多数专业服务公司的行事原则是"只要没有造成重大问题，公司不会出面干涉"。这里缺失的是能够表明公司有着很高标准的管理层的表率。

我还注意到，无论我们讨论的是在初级员工督导方面追寻卓越，还是提供真正卓越的客户服务，都没人对价值本身或者由此带来的收益提出异议。大家都赞同如果能够实现卓越，将会收效良多。痛点在于专业服务公司（或者管理层）是否有能力、意图、兴趣或者意愿去执行这些标准。不幸的是，大多数专业服务公司做不到！它们对违规情况没有合理的处理方式。

在客户服务方面也存在类似的问题。最近我访问了一些公司客户，询问他们如何看待当前很多专业服务公司采用的客户反馈系统。客户说："如果公司真的在意提高质量，我们非常愿意配合。我们填好表格，然后等着发生改变。你猜结果怎么样？什么都没有发生！我们告诉它们哪些地方需要改进，但它们没有做出任何改变。我们常常怀疑公司不是真的想坚持高标准的质量。现在我们终于得到证实！"

为什么专业服务公司没有做出改变呢？因为大多数专业服务公司在客户满意度调查中的得分是"好"，这也是它们还得以继续在市场上生存的原因。这些专业服务公司满足于取得"好"的评分，日常管理中它们（明里或暗里）遵循的原则并不陌生——"过得去就行了"。

只要客户不是明确地不高兴，专业服务公司就不用做任何改变！无数事实证明，想要专业服务公司摆脱这种思维定式，真正去追求"你太棒了"的目标非常困难。

"你太棒了"的商业分析结果一目了然。专业服务公司如果能够获得这样的评价，无论评价来自初级员工还是来自客户，都无疑能够实现更强的主动性、更高的生产力，获得更多的后续合作和业务推荐等诸多收益。还有一个关键问题：员工主动性高低或客户服务水准与这些收益之间并不呈线性关系。只有当你能够持续稳定地维持超高水准的员工主动性或客户服务水准时，这些收益才会现身。如果你只是满足于"你还不错"的评价，那么你将会错失这些额外收益。

这其中缺失的因素是管理。例如，我们来看采用客户反馈制度的那些专业服务公司。当收到客户反馈的时候，专业服务公司通常表现得非常聪明，会对那些存在明显问题的地方进行跟进和处理。但如果客户的评价是"还不错"，相关员工就极少会得到管理层的关注。没有人会来问，"我们怎样才能做得更好？"或者说，"我们去找客户，跟他们聊聊我们怎么做才能更进一步。"员工很快就能觉察到，在管理层眼里，"还不错"是可以接受的一种情形。由此可见，管理层虽然在启动客户反馈计划时宣称"我们要追求真正的卓越"，但他们的行动却常常不符其实。

这里最需要的（和最缺少的）是像汤姆·彼得斯所说的"追求卓越的激情"。我越来越发现，纵然有些员工拥有这种激情，他们中却少有人相信其所在的公司作为一个机构，会真正以追求卓越为原则。员工都赞同去追求卓越，但很少有人愿意对此严格问责。

根据我的经验，相对于对待初级员工或同事，专业人士对待客户时的行为规范有着更高的标准，在与客户相处时更能自觉地遵守自己信奉的价值观！然而，"你怎么对别人，别人就会怎么对你"的黄金法则在公司内部一样适用。我遇到有些人在跟客户打交道时全然一副正人君子的模样，但是对初级员工，甚至有时对其他同事的作为却为人不齿。这正是我最担心的：因为这些员工把客户伺候得很好，公司往往会对他们在其他方面的不当行径网开一面——而这些不当行径会腐蚀公司整体的道德水准。

这种道德水准的损失实在让人遗憾，因为专业主义精神有着一种奇特的似非而是之处：正直之道更胜一筹！你越是无私，不惜牺牲个人利益，也要给予客户最真心实意的建议，那么你将越能得到客户的信任，也就越能赢得更多的业务机会。营销的时候，你越是专注于提供帮助，而不是自吹自擂，你将越能获得成功。你越是能对年轻的专业人士和员工给予尊重，投入时间、精心辅导他们，你将越有可能收获主动性、忠诚，以及（并非巧合）超高的质量水准和生产力。你越是为同事提供帮助，你在工作中就越能得到别人的帮助和支持。

令人不解的是，如此简单的道理却似乎需要一再强调。遵循专业主义精神行事不是出于道德标准的要求，而是因为"这是好项目"。如果真是这样的话，为什么那么多人不明白呢？我遇到很多专业人士总是怀疑这个怀疑那个（对客户服务、督导初级员工、团队合作），而少有人真正地相信做正确的事情也可以带来很多好处。

以下见解来自于理查德·布兰德在律师连接（一个

> 你越是无私，不惜牺牲个人利益，也要给予客户最真心实意的建议，那么你将越能得到客户的信任，也就越能赢得更多的业务机会。

专为律师提供在线服务的网站）的讨论区发表的意见。他说：

> 这让我想起我最喜欢的一条圣经启示，"找到神的王国，然后所有这些东西都将属于你。"我们可以用"正直之道"来替换"神的王国"，这条启示的精髓依然有效。价值标准距离人的本能需求只有一步之遥，而坚守这一小步却需要非同一般的宗教信仰或坚定理念——应该将赚钱看作是追求正直之道的附带结果，而不是最终目标。

我们再来看这对专业服务公司的意义所在。如果你只是单打独斗，坚守理查德·布兰德所说的信仰以及对卓越的不懈追求将会很艰难。但如果周围都是同道中人，有着相同的价值观，这就变得容易得多。事实上，你可以说，以坚定不移、贯彻到底的共同价值观为基础的共同目标，才是成就公司本身的关键所在。**缺乏这样的共同目标和价值观，公司存在的意义不过是方便大家共享办公场所、后勤服务和公司名称。**

拥有"真正的价值观"到底意味着什么呢？不仅只是嘴上说说而已。只有具备有效的管理制度，坚决杜绝任何违规行为，专业服务公司才可能建立行之有效的价值观。多数专业服务公司有的——表面上或实际上——不过是一系列苍白的问答手册或信条，只是在说：想要成为我们中一员，成为公司的一分子，你必须在诸如人员管理、客户服务以及内部合作等常见的方面遵守我们的行为规范。

然而，专业服务公司还需要的（但通常缺少的）是在"大家庭"中执行这些会员制度的方法。有两件事情要做。

第一，管理层必须能发现任何偏离卓越的情形（我必须再次强调只发现问题是不够的）。这可以通过正式的制度来实现，比如客户或初级员工反馈制度，或者通过主动的、亲力亲为的"走动式管理"也行。非正式的方法相对不那么死板教条，但需要花费更多的管理时间。

第二，对偏离公司价值观的员工，多花一点时间，关起门来进行讨论和辅导。员工必须明白，如果他们未能够实现追求卓越的目标，只是满足于"还不错"的评价，那么管理合伙人可能私底下会对他们说："嗨，老伙计——搞砸了！我们这里不兴这套，你明白吗？"

请注意，这种谈话跟薪酬或者业绩评价无关。只是事关在"俱乐部"里什么行为可以接受，什么行为不能接受。不幸的是，在当今多数专业服务公司中，管理合伙人很少会因为财务问题以外的事情来找员工谈话。可接受的行为范围非常广。

值得注意的是，价值观和管理层的角色之间存在相互矛盾之处：如果专业服务公司建立了价值体系，且员工已普遍接受了公司的价值体系，那么管理者并不需要做太多来维系价值体系，因为所有人都清楚并遵循"此处的行事准则"。他们也知道违规行为会招致不必要的管理层关注。管理层无须花费很多时间即可维持价值体系有效运行。

但是，如果价值体系存在漏洞或者缺失，那么管理层就要耗费大量的时间和精力在员工中建立共识：必须建立严格的问责制度，确保所有人能够遵守公司的价值观。为方便说明，还是以前面强制客户反馈制度为例。员工同意

> 管理层无须花费很多时间即可维持价值系统有效运行。但是，如果价值体系存在漏洞或者缺失，那么管理层就要耗费大量的时间和精力在员工中建立共识。

将客户服务作为公司价值之一,和他们同意(例如)对所有的项目都要征求客户反馈意见,且将反馈结果记入他们的业绩评价,是完全不同的两件事情。

这里的关键问题不是客户反馈制度本身的好坏,而是员工是否愿意接受个人对非财务价值严格问责的制度。他们必须决定是否接受这种对违规行为容忍度较低的制度。对很多人来说,这相当于选择是否同意让工作环境变得比以往更加严苛(但可能更鼓舞人心)。

最后,我很高兴分享我在咨询工作中的一项喜人的测试成果。我借助匿名投票机,询问专业人士是否赞同"此处"(他们所在的公司)对违背价值观的行为严加管理(包括详细描述这将如何改变他们的日常工作),绝大多数人投出了赞同票。看似员工十分期待公司能够建立并贯彻执行价值观。然而,我遇到的很多管理合伙人却说,"我们承担不了加大管理力度的后果。我们将会失去太多人才。"

我见到的大多数专业人士似乎都希望自己所在的公司拥有真正的价值观,但似乎很少有人相信公司会真的做到这点。好消息是越来越多的人意识到真正的专业主义精神不但难能可贵,(至少从长期看来)还能创造利润。也许专业服务公司管理人应该考虑的是,他们最大的业务问题可能是他们不够专业。

如果你认为你所在的公司可能不是这样,可以试着发送匿名问卷,请大家根据公司在遵守使命或愿景中所要求的准则方面的表现,给出 1 到 5 分。结果可能会出乎你的想象!

9

不妥协带来的好处

在专业服务行业中，往往表现出众的专业服务公司却很少（如有）依据个人绩效指标来与员工分享利润。公司或部门的绩效指标在他们的薪酬计划中占据很大权重。

在激励机制不考虑个人绩效指标的情况下，这些专业服务公司是怎样实现品牌效应的？声誉和利润增长的双丰收呢？我们可以反过来先看采用个人绩效激励机制的其他专业服务公司是如何处理绩效问题的。

如果专业服务公司普遍采用个人绩效激励机制，那么公司对表现平平或中不溜的员工的态度通常是"行，你可以不做改进——但你挣的就会少了！"这可称不上是追求卓越的好办法！

改进变成了个人的责任，而公司的态度是放任不管，唯一的调整途径是薪酬。这种情况下，只有那些显而易见的"失败者"才会被处理，而表现出色的员工对表现平平的员工通常也是听之任之，因为这并不影响他们拿到奖励。

然而，如果专业服务公司激励制度主要考核的是公司或者部门绩效指标，当某个人（或者团队）的业绩下滑时，所有合伙人和股东要共同承担后果。因此，公司里其他员工就会有直接的动机去采取措施帮助这个员工或团队进行改进，包括部门负责人以正式途径或者同事间以非正式的途径提供各种帮助。每个人都有直接和既定的利益去帮助他人改进提高。

> 每个人都有直接和既定的利益去帮助他人改进提高。

另外，在团队激励的环境中，如果在给予帮助的情况下，某个员工的业绩仍然没有得到改善，那么公司将会更有动力去帮助表现不好的员工寻找其他出路。相对于采用个人绩效激励机制的专业服务公司，采用团队激励机制的专业服务公司更能为追求真正的卓越创造环境：要么你表现出色，作为我们中间的一员；要么你将会被淘汰。

换句话说，如果采用个人绩效激励机制，专业服务公司将会容许同时存在多种程度的业绩表现；而如果采用团体绩效激励机制，专业服务公司通常对业绩问题的容忍度较低。

容忍度才是影响专业服务公司成败的关键所在。对提升专业服务公司业绩来说至关重要的不是激励机制本身，而是针对业绩问题是否有行之有效的业绩评价和辅导制度。如果团队激励机制容许问题的存在，听之任之，那么定将（已经）导致灾难！

原则上来说，一个有效的业绩管理制度可以适用于任何类型的薪酬制度。团队激励措施毫无疑问是有必要的，尽管与个人绩效激励机制相比，它们可能会产生自我约束力。

很多采用个人绩效奖金制度的专业服务公司不过是在自欺欺人。它们自认为通过将个人业绩和财务回报挂钩,就可以很好地解决绩效问题。殊不知正好相反:专业服务公司越是想要通过奖金来解决业绩问题,就越不能如愿——这是因为业绩问题被当作是个人的责任,而不是公司的责任。而在很多情况下,个人绩效奖金制度其实正好给了公司借口,来推卸其在指导、辅导和提供帮助等方面的责任(即管理不作为的借口)。

以上这些表现常让我想起很久之前的一个心理试验:通过敲打金属棒和喂食奖励来教鸽子走迷宫。理论上讲,教会鸽子这项新技能只有一个最好的办法。首先,在靠近鸽子的地方画一条线,如果它能穿过这条线(取得第一小步成功),奖励食物,表扬它,然后再画一条更远一点的线。当它穿过第二条线的时候,奖励食物,然后再提升难度。在经过10或15次这种手把手、一对一的训练之后,鸽子就可以学会这项新技能,之后就可以自己独立地走出迷宫。

你在训练鸽子时不会和它解释,"这是最终目标。如果你能达到目标,我们就奖励你好吃的。"如果这样,可能很多鸽子早就一命呜呼了!但这正是大多数专业服务公司的奖金制度的做法(这说明了什么呢?想要打造出伟大的专业服务公司,管理层必须通过合理的机制来提升业绩,而不只是在业绩偶然改善的时候给予奖励)!

管理层有两套工具可以用来影响业绩:财务控制和社会控制。财务控制指的是用来影响合伙人(和初级员工)行为的惯用措施、报告、预算和奖励。社会控制通常指的是管理合伙人和业务负责人在与员工进行(通常是一对一的)正式和——更为重要的——非正式谈话中施加的面对面的影响力。社会控制还包括在部门小组会议中来自其他同级别员工的压力(或者根本没有这种压力)。

管理层很容易过于依赖财务控制来管理专业服务公司。首先，财务控制可以进行量化——因此看起来更加客观。其次（更为重要的是），财务控制系统无须投入过多管理时间（"这是计分卡：启动，Go"）。最后（最为重要的是），长久以来，很多咨询师大力宣称你考核什么，就得到什么，让人不禁得出结论，只要改变考核的指标（或者奖励的方式），就一定能够收到成效。

然而，这种想法的逻辑是不对的——或者最多只对了一半。我曾多次为客户审阅薪酬制度，其间客户常常要求在审阅中侧重以下这些问题：我们的考核指标正确吗？我们奖励的事情正确吗？我们奖励的对象正确吗？尽管这三个问题确实是应该要问的基本问题，但从影响专业服务公司成败的角度来看，这些问题却不太相关。

更应关注的问题包括：

- 业绩评价和辅导制度能否为薪酬决策提供有效的信息？
- 以薪酬决策为目的的各种评价制度有没有给予被评价员工实质性的、有建设性的反馈意见和指导？
- 员工是否知道为什么要进行评估，以及对存在的问题可以采取哪些应对措施？
- 其他员工有没有参与进来，帮助表现较差的员工提升他们的能力？

这些问题的答案往往是否定的。因此不难想象，即使采用了绩效奖励机制，业绩常常还是得不到改善。

年中评价、非正式辅导和指导性谈话比年终业绩评价更能对业绩产生影响。管理学上公认：向员工给出业绩反馈意见的最糟糕的方式就是攒到年底，在员工意识到这些意见或多或少会对薪酬产生影响的时候，把这些意见一咕噜全倒给他。

管理者都应该明白，如果这么做的话，员工极有可能不会心存感激地接受这些意见，或者下定决心进行改进，而可能会表现出退缩、反感和抗拒。如果你真的想要帮助别人改进，提意见的最好时机是当你发现有反馈的必要时，少量但多次地给出你的建议，并且不要牵扯财务影响。这种情况下，你的建议才更有可能被接受并付诸行动。

> 如果你真的想要帮助别人改进，提意见的最好时机是当你发现有反馈的必要时，少量但多次地给出你的建议，并且不要牵扯财务影响。

令人遗憾的是，这样的意见反馈和业绩辅导（即社会控制）在专业服务公司中实不多见。不仅很少有业务负责人（认为保持更多计费工时更为重要）会花上足够的时间，而且——如上所述——很多专业服务公司的氛围就是业绩是个人的责任，跟别人无关。另外，很多专业服务公司太过充当"老好人"。在这种错误的合作精神的指引下，它们放任那些表现平平的情况，从而酿成大错，促成危机。

当然，一旦到了这种地步，通常公司已经变得比较被动。当管理合伙人痛心疾首地诉说他不得不解雇老员工时，我在想为什么他们不承担起该承担的责任，早在危机成形之前就把业绩问题解决掉。

在强调必须通过辅导、指导和反馈来进行社会控制时，我想描绘的不是一派温和、盲目乐观的景象。其实我的观点正好相反。那些成功应用团队激励机制的专业服务公司非常喜欢采用各种社会控制技巧。这是因为与其他专业服务公司相比，它们的可接受业绩表现的范围更加有限。这类专业服务公司的特点是具有统一且强大的执行意愿。

举个例子来说明统一且强大的执行意愿有多重要。我曾为一家咨询公司提供服务。（他们说）他们的目标是成为"真正卓越的遥遥领先者"。我们花了几个月时间将清怎样才能达成目标，然后就可行的行动方案达成共识。这时一名员工站出来说，"我们都说要做到最好，我们也同意行动方案，但是我们真的愿意接受对我们现有的工作方式进行如此多的改变吗？"

我让大家按照以下标准以匿名的方式打分："如果你真的想'夺取金牌'，请打 5 分。如果你想无论怎么变，首先都要保住现在的成果，请打 1 分。或者你可以选择中间的分数。"

结果怎么样？分数分为两组，一组是 4 分和 5 分，另一组是 1 分和 2 分。在制订战略计划时，他们表现得好像他们想要真正做到最好——但是当计划出炉开始动真格的时候，他们中一半的人打心眼儿里并不想对现在的生活进行大的改变。两组各自的选择都不对吗？当然不是。每个人都可以自己选择想要什么样的职业生涯。

但是，现在专业服务公司的问题来了：怎么进行下去呢？其中一个可能的办法是利用薪酬制度来调和两组不同的偏好。那些想要夺取金牌，并取得成功的人，他们的付出将会得到回报；而其他人，他们既然不想改变现有的工作和生活方式，也应接受相应的薪酬水平。我们把这个制度叫作"兼容"法。

然而，我们越是寻求这种兼容的可能性，就失去越多的灵活性。即使可以找到合理的薪酬水平，但是在存在两种本质上截然不同的目标的情况下，专业服务公司应该如何进行投资决策呢？意愿不一的各种员工可以安然共处吗？采用两套不同的业绩标准真的可行吗？

越是深入讨论，我们越是能看清：专业服务公司想要确保有效运行，员工必须拥有统一的执行意愿，无论意愿是高还是低。另外，还须有统一的社会影响。专业服务公司必须就价值体系、目标以及业绩标准达成共识，然后所有人都必须努力达成这些目标和符合这些标准，不容丝毫妥协。

> 专业服务公司想要确保有效运行，员工必须拥有统一的执行意愿，无论意愿是高还是低。另外，还须有统一的社会影响。

两方都没错——不是每个人都想要出人头地，也不是每个人都非要选择不同的生活方式。但是，如果你的合伙人与你目标不同，那么任何一方的目标（收入、品牌效应，或者生活方式）都很难达成。不是谁的错。他们的结合本身就是一种错误！

这和那些成功应用团队激励机制的专业服务公司得出的结论一样。它们仔细地筛选有着共同雄心壮志的同道中人，不接受平庸的表现。对不达标的员工，它们会积极寻找办法，提供帮助。它们的社会控制体系充满活力，一目了然，而且也是行之有效的。在专业服务公司里，员工努力工作，不是因为可以赚更多的钱，而是因为在他们工作的环境中，公司不容许最好表现之外的任何情形。

这不是说专业服务公司不能或者不应该对不同表现程度的人进行奖励。你可能想象不到，钱不是影响业绩表现的关键，社会控制体系是否有效运行才是关键。阿尔菲·科恩在《哈佛商业评论》（1993年11月/12月）中针对行业中激励机制缺乏有效性的一句评语说得很好："给员工提供丰厚和公平的报酬，然后尽一切可能帮助他们忘记钱的存在。"

10

治愈的时间

近些年来，很多专业服务公司总是在做一些极其短视的事情——解雇合伙人，对留下的人施加压力，无所不用其极地削减开支，以及动用一系列其他手段来维持利润水平。

如果不是长期使用，很多这些措施也合情合理，但是它们带来的损失也是巨大的——它们从根本上改变了大多数专业服务公司的内部文化。越来越多的合伙人质疑专业服务公司存在的意义，以及成为合伙人的意义。以往的社会约束消失了，没人知道将由什么取而代之。

> 以往的社会约束消失了，没人知道将由什么取而代之。

以下观点引自不同类型的专业服务公司的合伙人的访谈调查：

- "每个人都只顾自己的一亩三分地，管好自己的业绩就行了。没人会帮助别人。"
- "在这里，你可能很快就会遭人嫌弃。大家都没有安全感。似乎只要有一年做得不好，你就出局了。"
- "管理层像是稽核员，而不是领导人。"
- "在这里我们不过是个体户。"
- "我们不再冒任何风险，因为我们不想花钱——只做直接来钱的事情。"

真正让人担忧的是，这些说法不是来自那些出了问题的公司或者员工，而是出自某些所谓最好的专业服务公司里的最成功的合伙人。很多优秀的员工感到孤立无援、大材小用、心灰意冷、愤世嫉俗。也许最能说明问题的是这句话："我知道我现在做得还不错，但是我还是很担心。现在已经是年轻人的世界。如果我跟不上时代会怎么样呢？等到我 50 或 55 岁的时候，公司又会怎样对我呢？"

在很多专业服务公司，员工感到最根本的处世哲学已经悄然改变。以前，公司管理层强调如果你为公司尽心尽力，公司也会对你照顾有加。而很多人认为现在的处世哲学似乎变成，"只要你还能捕猎，你能抓到什么就吃什么吧。""我们会一直走下去"的这种感觉显然已经被"算算你过去都为我做了什么"的氛围取代。专业服务公司缺乏强大的凝聚力，员工眼里的公司像是一个巴尔干式的松散联盟。很多专业服务公司都在（公开或者私下地）寻找公司的灵魂——寻找一种新的伦理准则。我无数次听到有人说："我们迫切需要一些乐观主义精神。"

这不单是士气或者动力的问题，它与专业服务公司能否有效运行亦息息相关。如果员工认为公司的管理层目光短浅，畏首畏尾，只顾个人的业绩表现，那么他们也会用同样的方式来回应。一些员工出于所谓的自我保护，对公司的集体目标漠不关心，更像是个体户。在最近一次有关现有关键客户的市场营销计划的讨论中，我听到很多诸如此类的说法："公司已经表现得很清楚了，他们对员工没有任何忠诚可言。我唯一的保护就是确保客户对我忠诚，而不是对公司或者公司里的其他人忠诚。我的客户群就是我唯一的保护伞，我不会轻易让任何其他人染指我的客户。"

该做些什么呢

所有这些都预示着巨大的管理挑战。专业服务公司如何才能消灭这种新出现的愤世哲学，重获员工的承诺和忠诚呢？如果专业服务公司不能保证向员工提供终身制职位（显然它们无法提供），那么要如何才能避免员工陷入"只有当我还有用时，公司才会留下我"的想法之中？

答案在于一个非常简单的道理：专业服务公司不但必须要求员工成功，还要积极地帮助他们成功。只有员工感到，作为个人，他们在这里比在其他任何地方更能获得成功，专业服务公司才会变得强大。

很多专业服务公司非常善于要求员工获得成功，但是在帮助他们成功方面却做得十分糟糕。比如你的目标是创造业绩优良的专业服务公司，想要达成目标，你对员工这么说用处不大——"如果你一个人能够弄明白怎么才能成功，那么公司就会给你奖励。"这对那些才智出众的人来说可能奏效，但对那些还欠火候的人来说简直毫无用处。公司士气高涨（以及并非巧合地取得非凡成就），其根本在于能为员工创造一个可以彼此相互帮助取得成功的地方。

例如，你所在公司在以下方面表现如何？
- 善于开发业务的员工是否在帮助那些不善此道的员工？
- 公司是否鼓励员工帮助别人？
- 公司是否定期组织知识分享会，这样员工可以互相学习（即使这些分享会会占用计费工时）？
- 公司里业务负责人的计费工时是否远远低于团队里的其他员工，这样他们才有时间去指导、影响员工在项目上的表现，说服那些表现出色的员工去帮助那些仍在积极摸索的员工？
- 公司是否激励员工制作模板、工具以及设计方法体系供团队里其他员工共同使用？
- 对于集体努力取得的市场营销成果，公司是否会拒绝按团队成员个人对业务发展的贡献进行奖励、分配和分摊，而是坚持认为无论失败还是成功，都应归属于团队？
- 奖励制度是否会弱化个人表现，更多地根据团体的成绩进行奖励，是否会通过指导和辅导措施，而不是通过财务惩罚手段来解决个人表现问题？

如果在提供了所有的团队支持之后，你发现还是不得不让某个员工离开（这当然也会时有发生），那么你希望得到的结果是：他（以及看在眼里的其他员工）在离开的时候能够说，"公司确实已经竭尽全力帮助我去实现目标。他们为我提供各种指导、辅导、工具、培训，我必须承认这个地方并不适合我。他们甚至还积极帮我寻找我能发挥所长和引以为豪的其他出路。"只有这样，公司才不会在员工离职高峰的时候存在士气问题。

在所有帮助员工取得成功的方法当中，有一条是最有效的：有效运行的小规模团队。在共同建立的业务小组中，员工可以相互交流工作经验，共享开发工具，共同努力打造市场知名度并分享由此带来的硬性（财务）和软性（满足感）奖励。在这样的环境中，团体成员之间对专业想法的深入交流、动用集体智慧创造性地解决客户问题，以及集体的自我提升，都将会让员工受益匪浅。

> 在所有帮助员工取得成功的方法当中，有一条是最有效的：有效运行的小规模团队。

业务团队的集体成果不是理所当然的，而是来自一种独有的、强调创造集体智慧成果的团队管理方法。这种方法强调团队应积极组织内部会议，交流最新想法和最新进展，要求团队重视开发可以共享的方法体系、工具、培训和市场营销方法。这种方法的本质在于确保团队对于客户的价值不单依靠员工个人独有的才能，而是依赖整个团队不断积累的智慧、经验和知识。

之所以说业务团队（而不是整个公司）最重要的职能是帮助员工获得成功，是因为：第一，相互学习和协助最可能在小规模团队层面实现。第二，即使公司层面设有提供协助的计划，最好也先是从小范围开始和取得成效。第三（或许是最为重要的），当今很多专业服务公司缺失的是相互信任和忠诚——这在规模更小的团队范围内也更容易树立起来。

帮助员工获取成功的一个尤其重要的领域是业务开发。业务开发应作为团队任务，它是由多名员工共同执行的开发某个特定的细分市场的综合性计划。例如，一人可以负责撰写文章，另一人可以负责组织研讨会，而其他人可以负责参加客户的行业会议。这样多方配合的市场营销活动不但更加有效，而且也让员工更有大局观。他们会感到公司积极地帮助他们顺利完成业务开发的任务，而不是只会发号施令。

还有一个重要领域是给员工提供适当的支持。很多专业服务公司打着成本控制的名号，大力削减所有类型的辅助人员——市场营销助理、秘书等。在我看来，这大错特错，因为这会让员工觉得公司不能提供完成任务所需的资源，从而导致任务失败。如果能对辅助人员加以合理利用，便能大大提升在帮助员工取得成功方面的成效。例如，在某些专业服务公司中，市场辅助员工专门负责搜索每个客户的最新业务进展情况，并编制成简报手册，这样可以方便员工拜访现有客户，可以轻松地跟客户聊起当前的业务问题。

团队负责人的角色对于创建致力于帮助员工取得成功的专业服务公司也同样至关重要。在当今牢骚满天的大环境下，专业服务公司必须牢牢抓住个人的注意力。你不能通过数字来管理员工情绪，只能借助面对面的交流。最差的时候，专业服务公司管理人倾向于脱离导师的角色，而更像是警察、行政官员和老板，像鹰一样盯着那些数字。当然这是有必要的，但是辅导也同样有必要：给予建议，提供支持，提出创造性的思路，以及/或者帮助员工仔细思量他们的职责、如何更好地利用他们的时间。管理合伙人和业务负责人应在团队工作计划会议中，担当富有价值

> 你不能通过数字来管理员工情绪，只能借助面对面的交流。

和创造力的帮助他人的角色，负责解答有关具体工作的问题和贡献思路。

如今在很多方面，专业人士备感压抑。工作更加劳神费力，可当展望未来时，看到的只是需要付出更多的努力，而回报更是迷雾重重。喊口号的时代已经过去。叫一个意志消沉的人工作更加努力或者加倍付出，不能起到鼓励的作用，也没有什么效果。他需要的是有关如何改变现状的实质性的想法和具体的建议。

业务负责人应当抓住一切机会为员工寻找新的任务和新的职责。重点应放在那些看得见、够得着的事情上。员工在情绪低迷的时候，迫切需要进行变通。加倍努力工作的想法只会让人更加压抑，但如果让他去尝试从来没有做过的事情，可能会激发出他更多的动力和兴趣。卖花女的教训也可以用在这里：如果你把别人当作胜利者，那么他们终将成为胜利者。不幸的是，事无巨细的管理方式并不能让人感到被当作了胜利者。

在很多专业服务公司里，员工们从公司管理层那里看到的不过是一系列只会让他们感到恐惧、紧张、焦虑和消沉的措施（加强控制、解雇员工、削减支持性开销等）。这些措施传达的不是乐观精神，因此在采用时，必须同时释放出清楚的信号——公司也在不遗余力地为未来进行投资。想要在公司里重新树立乐观和信任的氛围，员工们需要知道管理层究竟会怎样来改变现状。他们想要的措施必须新颖、有创造力，构思巧妙，直切问题核心。如果员工看到公司管理层能够表现出正面和乐观的态度，那么他们

> 如今在很多方面，专业人士备感压抑。工作更加劳神费力，可当展望未来时，看到的只是需要付出更多的努力，而回报更是迷雾重重。

也将会变得正面和乐观。

但凡业务决策皆以一定的痛苦为代价。你只能二选其一：短时间内少部分人大量的痛苦，或者长时间内大部分人少量的痛苦。显然，前者才是明智的选择。专业服务公司必须迅速忘掉短期内的成本控制和裁员措施，然后转向留下的人说："结束了。让我们向前看，携手努力，共同成功。"

11

专业服务公司（应该）如何提高附加值

　　与资深专业人士共事时，我时常会请他们（以匿名方式）估计他们当前的成就中有多少比例归功于自身的才能，又有多少归功于其所在公司赋予他们的优势。答案千差万别。但绝大多数人表示，他们相信如果在别的公司，他们也能取得同等成就。

　　当然，这个问题本身存在局限性——它不能证明公司是不是真的毫无价值，全然是资深专业人士的一面之词。然而，放至当今大环境中，员工流动性不断增大，这种想法可能涉及一个问题，或者这种想法本身就是一个问题。大家常以为员工流动过大是薪酬纠纷的缘故。而我的研究却表明，这其中有更深层次的原因。简而言之，很多资深专业人士认为，他们为公司殚精竭虑，奈何公司却未能以同等心待之。

> 很多资深专业人士认为，他们为公司殚精竭虑，奈何公司却未能以同等心待之。

11 专业服务公司（应该）如何提高附加值

专业服务公司有两种为客户提供价值的途径。其一，客户只是受益于碰巧直接服务于他们的员工所积累的知识和技能。其二，除此之外，客户还能同时受益于公司里其余员工所积累的相关知识、经验、工具和方法体系。这会产生一个严重的竞争问题。

如果专业服务公司能够合理利用从每个客户项目上积攒而来的集体经验来弥补员工个人在技能上的不足，那么它会实现更高的价值，令市场上其他竞争者望尘莫及。因此，所有的专业服务公司都应确保找到自身价值之所在。

专业服务公司创造价值的方法

专业服务公司要在员工个人能力无法企及的高度和广度创造价值。这意味着什么呢？专业服务公司要怎么做才能超越其他竞争者，帮助员工获得更大的成功呢？可考虑的方法很多，包括：

- 使员工能够受益于团队内部的技能和经验分享。
- 积极投入共享工具、方法体系、模板、研究等，为员工提供支持。
- 为业务线之间相互协助提供便利。
- 建立良好的制度，帮助训练初级员工。
- 鼓励广泛的业务推荐、各业务线间联合销售，以及创造机会向客户引荐其他业务线的同事。
- 提供优良的辅助人员和系统（包括技术），为具体工作提供便利。
- 创建乐于支持、充满挑战，且强调辅导职能的体制，帮助从初级到资深的每个员工发挥自己的最大潜能。
- 在同事之间营造精神上互相支持的氛围。
- 分散个人风险——无论经济形势好坏。

- 建立强大的品牌，便于市场推广。

这些都不是什么新奇的概念。但是，如果你在员工中进行民意调查，让他们评价自己的公司在这些方面表现如何，结果可能耐人寻味（你可以采用以下计分标准：1＝根本没有，2＝很少，3＝高于平均水平，4＝非常出色）。你也可以让员工对这些方面进行排序，看看他们最看重哪些方面。

要怎样去做

只要有决心，做到上面这些并不难。以团队内部的技能和经验分享为例。想要实现这一条，团队必须能够有效运行，并将内部知识交流和分享落到实处。很少有专业服务公司对此建立正式的制度。业务团队的内部会议（每每召开）也总是纠缠于各种有关市场、经济形势回顾和预算的问题。其间很少会深入探讨诸如"最近你有没有了解到什么对我们大家都很有参考意义的东西"之类的问题。

通常情况下，系统的学习方法似乎仅限于初级员工的培训，而对资深员工之间相互交流和学习，专业服务公司却很少进行精心策划。事实上，按月组织业务团队会议来专门讨论大家共同关注的实质性问题并不难。除了深度交流之外，这种内部会议还可以带来其他好处（不分先后）：增强员工做事的团队意识以及对集体的归属感。

另一个例子是以共享为目的的工具、数据库、专业模板库、方法体系以及其他一系列辅助手段的开发和设计。如果专业服务公司愿意在这些方面积极投入，资深员工便可以向客户分享最新研究结果，快速回应客户的要求，同时通过避免无用功来节约成本，从而使他们在工作中或为客户提供服务时更加便利及有效（当然这并非是巧合）。当然，这些辅助工具是公司的集体财产，不会专属于某个资深员工。听起来这不过是普通得不能再普通的建议（的确如此），但是一些公司在这方面的表现实在非常糟糕。不过，他们可以通过大力投入诸如 Lotus Notes 之类的计算机支持的群组协同工作软件，在这方面获得大幅改善。

市场调查方面也是如此。某六大会计师事务所成功地推出了"全球最佳惯例数据库"，搜集整理各行业业务流程的相关信息。凭借这个数据库，资深员工可以与客户分享所属行业的最新发展趋势。不难想象，如果其他相关领域也都有类似的调查研究，员工便可以轻松回应客户说："是的，我们已经及时跟进了这个问题，有些资料可以分享给你。"而不是说，"如果你付钱，我可以去查一下。"

如果资深员工能随时随地得到训练有素的初级员工的支持，那么他们便可以更加出色地完成工作。因此，如果专业服务公司已经具备了系统化的培训方法，对资深员工而言，这将是难以在别处复制的一项重要资产。如前所述，这不仅有助于资深员工获取成功，同时还有额外收获——为客户带来价值。关于培训的有效性问题，此处不再赘述。这里我想强调的是，一个系统化的培训体系可以成为一项富有价值的公司资产。很多专业服务公司已经用实践证明了这一点。

不用说，提供良好的支持系统、行政支持以及技术支持作用也是相同的。如果这些方面做得好的话，可以大幅改善员工的职场体验，且极大地提高他们的生产力，提升员工提供高质量服务的能力。如果能够对这些体系进行精心组织和计划，它们便可化作真正的公司价值。近些年来由于经济低迷，专业服务公司对成本控制趋之若鹜，因此如今这种价值可谓是难得一见。

显然，如果在为客户提供服务的过程中，员工有机会接触自身专长之外的其他学科的专业知识，那么他们也将受益匪浅。原则上，提供多重服务的专业服务公司，都应具备这种知识共享的能力，然而现实中知识共享的程度却因部门间合作的友好情况参差不齐。在很多专业服务公司中，发出的合作请求得到的回馈常常是，"我一定帮忙——不过请先告诉我的费用应计入哪个账户。"

（从资深员工或者客户角度）判断合伙人和员工是否满足愿意合作的条件，不能看在客户付费的情况下他们是不是愿意合作，而要看在收集意见、提供即时支持以及非正式请求协助的情境中他们的相关表现。

与大公司比，小公司做到这点相对容易。大家相互熟识，平时交流较多，便更愿意互相帮忙。在大公司里，尤其如果办公地点分散在各地，这种非正式的交流就更难实现，因此较为正式的措施（比如组织设立服务于类似客户的员工群组）是有必要的，以促进各业务线之间的合作。

品牌有价值吗？专业人士在大品牌公司里工作，会比在别处取得更大的成功吗？毋庸置疑，品牌肯定是有价值的，当你将大品牌公司员工与小公司员工或者个体户进行比较时，这种价值尤其明显。但是当比较规模相当的公司时，品牌价值又如何呢？如果资深员工离开最大的公司去往第二或者第三大的公司，是否会丧失所有呢？

人们对品牌价值常常存在一种误解，认为对于品牌价值而言，持久度和高品质一样（或者更）重要。坎贝尔汤罐的品牌价值高不是因为它是世界上最好的汤罐，而是因为比起其他不知名产品，购买这款产品的风险可能比较低。因此，品牌的价值在于它代表了对购买者的一种质量

> 品牌的价值在于它代表了对购买者的一种质量保证，使他们确信可以获得某些产品的品质。

保证，使他们确信可以获得某些产品的品质。

对专业服务公司而言也是如此。购买者得到优质的服务不能是靠碰运气，恰好撞上好的资深专业人士。（只有）购买者在每次使用公司服务的时候都能获得一定品质的服务，专业服务公司才有可能树立品牌价值。因此，在现实中，专业服务公司只有建立相关制度，严格执行质量标准，才能为公司品牌（以及公司自身）赋予价值。

跨业务线销售和互相业务推荐的价值是什么呢？我有一些客户认为，跨业务线销售和互相业务推荐是公司价值的基本核心所在。在他们看来，想要成为大型专业服务公司，你必须拥有大客户（即牢固的、活跃的、多重业务线的客户关系）。不可否认，大型客户十分难得，但我不认为它们是大型专业服务公司产生的结果，而是其成因。从根本上来说，成功的跨业务线销售需要公司内部精诚合作和同心协力，这些才是吸引大型客户的关键，其他皆为徒劳。

> 成功的跨业务线销售需要公司内部精诚合作和同心协力，这些才是吸引大型客户的关键，其他皆为徒劳。

这是因为背后存在的基本哲学问题——公司存在的意义。一群资深专业人士之所以成就了一家专业服务公司，在于他们无论是在上文所述的各个方面，还是在需要协助、合作、支持和相互鼓励的各种微不足道的事情上，实实在在地相互帮助。

一位专业人士对我说："员工必须要有一定的凝聚力。实际上，员工之间不一定要相互喜欢（当然，如果相互喜欢，肯定更好），但他们确实需要具备某些共同点，例如对财富的追求（最弱的关联关系）、专注某个相同的工作领域、宗教信仰、校友等。所有员工都应对公司有所承诺，这样他们才会义无反顾地帮助他人，而无论对方级别高低，也无论是否可以为自己带来更高的薪资报酬。"

我完全赞同上述观点。专业服务公司的凝聚力不单靠薪酬体制来维系。通过下面的例子，我们可以看到共同点对于专业服务公司是何等重要。某家公司来找我，请我帮忙调和他们内部两大派别之间针锋相对的局面。其中一方主要为交易服务，工作强度大，收取高额报酬，工作要求高度专注，包括每天加班加点和周末无休连轴转。另一方主要为小型企业服务，更多地依赖与客户的长期合作关系，工作节奏相对较慢，服务报酬相对较低。两拨人马为自己起的昵称分别是鲨鱼和比目鱼。

我们在是否通过公司制度来兼容两种工作方式之间倍受煎熬。大家都希望两方的矛盾可以通过调整薪酬体制得到解决。当然，这是不可能的。公司最终一分为二——这也许是这个案例公司最好的出路。

事实上，两方都没有错。一方热情高涨，追逐快节奏的工作方式，换取应得的回报；而另一方不惜舍弃高额回报，一心想过较为正常舒缓的生活。对任何一方而言，如果其所在公司里都是同道中人，他们都能如鱼得水，得其所愿。只是这两方不可共存于一家公司中。合伙人的意愿不一致无法通过薪酬来调和。从根本上来说，两方没有理由非要绑在一起。

由此可见，成就一家专业服务公司，必须具备共同的目的、共同的方法以及相同的基本价值观。值得庆幸的是，这些可以通过多种途径来建立，比如组建工作团队、共同开发各种技术手段和共同建设支持系统、各部门联合市场营销等。迈开步子从创建这些基础体系开始，千里之功必将指日可待。

12

通往成功之路：技能训练

> 如果专业服务公司能在技能训练方面胜出竞争对手一筹，自然就能获得强大的竞争优势。

既然专业服务公司出售的是技能、才智、知识和能力，如果它们能在技能训练方面胜出竞争对手一筹，自然就能获得强大的竞争优势。

人们常常对善于获取新技能的必要性（不仅仅是借助有效的市场营销活动挖掘现有技能）认识不足。大多数专业服务公司与主要竞争对手的人才库并无差异，原材料相似——他们是聪明、刚刚起步的员工。各家公司的任务就是要经过一系列包括项目历练、督导、辅导和培训的各种程序，将原材料制成成品——足够成熟的员工。竞争优势不在于能否比竞争对手雇到更好的人，而在于能否开发员工的潜能。

很少有专业服务公司重视让员工快速学会新的技能。例如，大多数专业服务公司都深切地体会到对初级员工进行精心辅导非常重要，但是初级员工却表示，他们在日常工作当中得到的辅导都不过是上级领导的嘴上功夫而已。帮助初级员工扎实且快速地学习在合伙人的日常重要事项清单中是排序靠后的，因此很少能得到他们的密切关注。如此一来，大部分的学习过程都是临时起意、缺乏计划、随机发生的，而且进展缓慢——现实中，学习的责任常常完全落到初级员工身上（如此之多的专业服务公司在这方面采取的都是放任员工自生自灭的态度）。

技能训练的好处

我常常问专业服务公司："如果你在技能训练方面全面超越你的竞争对手，你可以获得怎样的优势？"他们的答案包括：

- 工作质量更高。
- 往下分派工作时更有信心，从而缓解资深员工的压力。
- 初级员工无效工作时间减少。
- 初级员工士气和工作热情增强，生产力和效率得到提升。
- 初级员工流动性降低，节省了招聘成本。
- 由于培训制度广受好评，吸引了更多的人才。
- 如果初级员工的培训效果显著，客户更愿意接受在项目上使用初级员工（从而提高利用率）。
- 由于员工技能更强，可以获得（值得）更高报酬。

如果这些好处都是真实的，那为什么技能训练如此不受重视呢？据我观察，重视不足主要是因为专业服务公司对培训和技能训练广泛存在一些错误的观念。接下来我们将逐一阐述其中某些观念。

错误观念之一：培训太贵

不知你是否见过一张汽车保险杠的帖语："如果你觉得教育太贵，视而不见即可。"对培训来说也是如此——如果你觉得培训太贵，那就去用未经培训的员工。当然，培训不应被看作是一项成本，而应该是一项投资。问题不在于花费是否过高，而在于投资回报能否有所保证。

尽管很难找到科学证据来证明培训的价值，但我们去看看那些因重金投入培训而著称的专业服务公司，可能会有所启发。比如，麦肯锡（战略咨询公司）和安达信（会计师事务所）。这两家公司在各自的行业中，都因最高的人均培训投入和最佳的利润表现而广为人知。

据称安达信在培训上的投入相当于总收入的7%。假设一年2000小时，这相当于公司里包括合伙人在内的每位员工一年有140小时或者约14天的培训时间。所以我想说，还是有一些专业服务公司用实践去证明了，巨额的培训支出与超高的合伙人人均利润并不相互排斥。

错误观念之二：技能训练只关乎初级员工

很显然，如果想在技能训练方面胜出一筹，专业服务公司不仅必须要求公司全体员工持续不断地学习和进步，还应为帮助全体员工做到这一点给予竞争对手无法比拟的支持。另外，所有有助于实现这一目标的公司制度、奖励、鼓励、业绩评价和辅导制度等都必须全部到位。

每一位员工都应制定个人职业战略，明确怎样逐步提高自己在市场上的价值。他们应该不断寻找新的领域去尝试，尽可能将已经熟练掌握的客户工作分派出去。绝不能容许不思进取的情形存在。

对员工的评价不应局限于工作量，而应更多地侧重工作的类型和质量。想要做到这点，专业服务公司必须对员工业绩评价和辅导以及薪酬制度重新进行详尽的评估，以确保合理的激励措施能够有的放矢。

> 对员工的评价不应局限于工作量，而应更多地侧重工作的类型和质量。

对工作职责下放不足的情形不能听之任之。如果在进行合理督导的情况下，某员工的部分工作可以在有质量保证的前提下由资历较浅的其他员工完成，那么就必须要求该员工将工作分派给可在督导情况下保质保量完成工作的下级员工。这样，资深员工才可能被解放出来，去追寻更大的挑战，承担更艰难的、能够为公司的资产建设做贡献的工作任务。同样，专业服务公司应该对员工评价和奖励制度重新进行详尽的评估，以确保公司制度能够有效地鼓励和激励合理的权责下放。当今很少有公司制度能做到这点。

为了确保能够为合伙人和其他员工持续提供快速成长的机会，专业服务公司必须对业务开发活动进行细致入微的管理。如果工作中大部分都是重复性和常规性的内容，那么专业服务公司将很难达成员工快速成长的目标。推行快速成长战略的关键要素之一是主动积极地寻找具有前瞻性的、能为资产建设做贡献的项目。因此，专业服务公司必须系统地、不断地对项目工作内容进行升级，并时刻注意避免落入单纯为追求数量而承接过多项目的陷阱中。

> 推行快速成长战略的关键要素之一是主动积极地寻找具有前瞻性的、能为资产建设做贡献的项目。

错误观念之三：技能学习是培训总监的责任

培训这两个字很容易让人联想起正式的、课堂式的教学，但是这不是培训的全部含义。大多数人可能都会赞同，培训和技能训练同样重要。同样，大多数人也会赞同，在职业生涯中，专业人士绝大多数情况下都是通过在项目上的实践来学习相关技能的。

但是，这种学习不会自然而然地发生。项目上技能训练效果的好坏取决于项目负责人对技能训练的管理模式。如果专业服务公司真正地重视技能训练，就会要求所有员工都承担起教练的角色，认真履行项目督导的职责。项目组所有成员都应参加团队战略策划会议，这样所有相关人员可以观摩学习，并参与到相关项目事务决策的思维过程中来。

项目负责人必须细心观察，要适时、适当地提高分派给项目成员的任务的难度（但加以合理辅导）。他们必须能有效地确保接受任务的人员明确自己的任务中有关结果、范围、格式、预算以及期限的要求。每位项目组成员都要了解他负责的部分对相关案例或交易的整体战略的意义。

在开始执行任务时，项目负责人应针对如何能最好地开展工作、可以获得怎样的资源等方面耐心给予建议。还应召开跟进会议，进行进度检查，确保工作顺利推进，并在工作过程中随时给予指导。对每份工作成果，都应给予及时和有建设性的反馈意见，项目管理人员应该把组员出错当作学习的机会，而不是惩罚的借口（请注意我们这里说的不是师徒制，师徒制通常指的是项目工作之外的某些辅导制度。实践证明，师徒制并不可行）。

项目上的督导行为很少（如果有的话）需要什么了不起的技能或才智才能完成。需要的只是时时刻刻甘愿付出时间，自我要求这样去做。当然，这些都不是什么新的概念。大多数员工表示，他们自我提升最重要的部分是有机会和资深员工一起工作，耳濡目染他的一言一行。

很多人说，以前客户愿意为提升员工技能水平付钱，可是现在已经不再如此。缺乏资金支持不是放弃培训的借口，而这正是很多专业服务公司当前的做法。培训是正常的经营支出，而对客户不再为培训掏腰包的反应应该是："伙计，欢迎来到现实世界！"

> 培训是正常的经营支出，而针对客户不再为培训掏腰包的反应应该是："伙计，欢迎来到现实世界！"

错误观念之四：不值得对离开的人进行培训

专业服务公司对培训投入不足的最常见的原因之一是"能者上，庸者下"的企业文化。这种观点认为，"很多初级员工都会离开，那么为什么要对他们进行培训？"我听到的另一种类似观点是，"如果对他们进行培训，他们要么会取代我，要么学会所有东西之后就离开了。"当然，这是一个闭环推理的问题。专业服务公司越是忽视初级员工成长，他们就越可能离开，而且常常是越好的员工越容易离开。那些表现较差、没有经过训练的员工才会尽可能地想要留下。

"能者上，庸者下"的制度不是培训投入不足的理由。麦肯锡和安达信（以及晋升合伙人难度很大的其他精英专业服务公司）对初级员工的态度是，"尽管你们中只有小部分人能最终成为合伙人，但是我们会确保你在和我们共事的时间里，在行业中获得你想要达到的进步。虽然离开，你依然会拥有非常棒的职业发展机会，你也将是公司忠实的'校友'和一生的朋友。"

这种方法似乎能带来更高水平的生产力、效率、质量和响应率。如果实现这些结果的代价之一是对所有人进行培训（而不只是那些会留下来的员工），那么看起来钱和时间花得都是值得的。

错误观念之五：培训没什么用（我们尝试过但没有成功）

前面我们说了很多专业服务公司对培训（技能训练）投入不足的问题，现在我们来说说很多专业服务公司白白浪费了大部分的培训预算的问题。

我经常被邀请参与一些"新"技能的培训项目。这些培训项目寄希望于通过推行新的技能来改变工作中的某些态度或者行为。培训项目进展顺利，但是参加培训的员工事后却感到一切都没有改变，压力、评价和奖励依旧如初，行为方面也变化甚少。我从这些经验中悟出，培训必须是水到渠成才好，操之过急将会适得其反。等员工已经意识到他们需要学习新技能的时候再进行培训，效果自然会比较好。如果上来就开始培训，很难指望员工能够真正发生改变。

我十分钦佩那些不过度依赖外部机构进行培训的专业服务公司。我相信最好的专业服务公司都会认可一条原则——大部分培训应该由公司自己的员工来完成——通常是资深合伙人。只有这样，培训才会务实、具有操作性、

> 我相信最好的专业服务公司都会认可一条原则——大部分培训应该由公司自己的员工来完成——通常是资深合伙人。

令人信服（外部机构通常无法做到这些），并且产生具有意义的影响。

太多的专业服务公司依赖外部咨询师来进行培训，它们解释说公司自己的资深员工最好去忙着伺候客户。显然，这种看法非常短视，而且具有误导性。正如一位专业人士所说，公司自己人来做培训还有一个好处——资深员工向初级员工教授他们专长的时候，同样也是学习的过程。当然，不是所有的内部员工都是好的老师，但这正是关键所在：他们必须是好的老师！专业服务公司可以借助外部资源对培训者进行培训。如果专业服务公司想要培训真正发挥作用，那么必须断了依赖外部培训机构的念想。

错误观念之六：技能训练应主要侧重于技术问题

大多数专业服务公司都十分擅长对员工提供本行业相关的核心技术培训，然而对某些决定员工能否成功的关键技能，却很少积极想办法进行提升。当然，（举个例子）对法律无所不知和熟练使用律师技能（或者担任被动接受咨询任务的顾问和懂得如何主动为客户排忧解难）是有区别的。按照传统观点，后者很大程度上是潜移默化的结果，但实际上这种结果可以通过训练来实现。

例如，帮助员工学习以下技巧是完全有可能的，包括如何与客户共事、如何向客户解释问题、如何解读客户表述的观点，以及如何在传达坏消息的同时避免对方崩溃反而让他心生感激。这些咨询技能与销售技能不同（某些专业服务公司确实会进行销售技能的培训）。虽然有现成的关于咨询技能的资料，但很少有专业服务公司将这些资料广泛地用作培训的辅助工具。

专业服务公司还可以去发现其他需要进行培训或者训练的技能。由于大多数员工都是为公司客户提供服务,如果他们在了解客户的业务或者判断和讨论客户的业务问题方面的技能得到提升,那么他们就极有可能实现更高的价值。例如,如果一名律师只懂得法律,对客户业务一无所知,那么他在了解客户和为客户提供服务方面的能力是有限的。同样,如果会计师、精算师甚至管理咨询师只是精通自己的专业领域,对一般性的业务问题或者客户所属行业的具体问题了解不足,那么他们也会面临相同的局面。

> 如果一名律师只懂得法律,对客户业务一无所知,那么他在了解客户和为客户提供服务方面的能力是有限的。

错误观念之七:无须改变管理模式,也能改变培训

想要在技能训练方面做到最好,专业服务公司必须找到可行的方法,使每一位项目负责人在项目上积极履行员工辅导的职责。这是可以做到的吗?可以的,但有一个条件:必须建立有效的业绩评估体制,对履行职责的人进行奖励,对未能履行职责的人进行惩罚。对违规情况必须进行妥善处理。

已经有专业服务公司在使用这种制度。其中一个较为温和的版本是业务团队负责人对初级员工进行民意测验(如有必要以匿名的方式),来了解他们中哪些人在这方面做得好,哪些人做得不好。测验结果应作为员工业绩评价的正式组成部分。公司管理层必须有决心对在上述方面表现不佳的员工进行处理。

找出谁做得好、谁做得不好不是最难的部分。最难的

部分是如何让公司管理层和薪酬委员会去处理那些表现欠佳的员工。大多数专业服务公司的基本态度是，如果你在拿项目、创收等方面表现很好或者成绩还不错，那么你在履行辅导职责方面的表现好坏则不那么要紧。而往往这些方面才真正关乎公司的价值观以及价值观的推行。

一位培训合伙人写道："其中的关键在于将培训与评价制度挂钩。培训委员会几年前就已经认识到这点。但是每每我们想要推行相关计划来进行落实的时候，总是被计费工时体制下的各种现实问题所打败。我们想尽办法威逼利诱、苦苦央求大家来参加我们的培训，可常常换来的只不过是表面上的满座而已。不幸的是，这还常常会令某些初级员工陷入窘境。他们虽然人来了，可内心却因'浪费'了宝贵的时间而充满了担忧和焦虑。"

还是老问题在作祟——不愿为未来进行投资的观念已经渗入管理制度背后的公司核心价值体系。对于培训时间投入或费用开支，大多数专业服务公司的第一反应都是又一点点地在损失有效时间和年度利润。在这种情况下，"投资"不过是一个嘴上说说的词而已。除非这种态度发生改变，否则一切都不过是痴心妄想。

> 还是老问题在作祟——不愿为未来进行投资的观念已经渗入管理制度背后的公司核心价值体系。

13

你是什么类型服务的提供者

专业人士在工作中遇到的很多问题归根到底可能是由于他们使用的管理流程常常适用于某一类型的业务，但却完全不适用于另一类型的业务。不同业务板块应如何进行管理主要取决于业务的定位（即客户想要购买的关键服务价值）。

图13-1列举了不同类型的业务之间的一些差异。图中采用两个关键

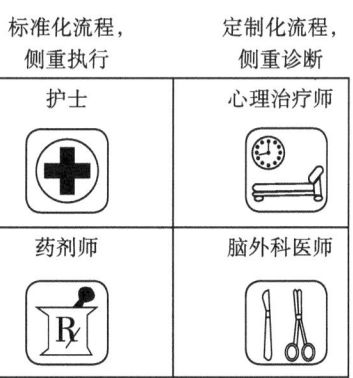

图 13-1

的维度对不同业务进行分类：第一，解决客户问题所需要的定制化程度；第二，在提供服务过程中客户的沟通需求水平。根据这两个维度，我们将不同业务分为四种类型：药剂师、护士、脑外科医师和心理治疗师。

药剂师

对药剂师而言，客户想要购买相对较为熟悉的服务，不需要很多的咨询、询问或沟通。

客户希望以最小的代价获得严格按照技术标准执行的服务。这种类型的业务属于标准化的流程，通常客户沟通需求很低（如果有）。当然这并不意味着这类业务的工作成果的定制化程度很低，只不过是完成工作所需遵循的流程有着明确的规定。

客户前来买药，既然需要"按说明服药"，高标准的质量必不可少。客户不需要专门为他设计药片。他们想购买的只是现成的方法和流程，不需要创新和发明。

这相当于客户说，"我头疼，我知道你的许可经营范围中包括制造阿司匹林。不要浪费时间和精力来说服我接受脑外科手术。我曾经有过类似经历，我能自行判断需要的是阿司匹林还是脑外科手术。我只想买阿司匹林。你最低多少钱卖？"

护士

护士业务也是提供相对较为熟悉或者"成熟"的服务，不需要很多创新。但是，与药剂师业务不同，护士业务不仅需要制药的能力（可能仍然不可或缺），还需要在整个服务过程中为客户提供咨询和指导。对护士业务而言，客户想要无微不至的关照："帮助我了解当前的状况，给我解释你要做什么和为什么要这么做，让我参与决策过程，帮助我理解可供选择的方案。在工作结束之前，请全程与我在一起，跟我保持密切的沟通。我需要的是前台的咨询师，不是后台的技术员。"

脑外科医师

脑外科医师业务的特点是高度的定制化、创造力和发明，以及较少的客户沟通需求。客户要找的是在所属行业中地处前沿，能够为他们独有的项目开辟新思路的服务提供者。对这类业务而言，客户会说，"我现在正处在生死攸关的紧要关头。请救救我！我不想知道细节，只要得救就好！如果明天早上我能活过来，我定将重金酬谢！我不在乎价钱多少，我只要找最具开创精神的服务提供者。"

心理治疗师

最后，对心理治疗师业务，客户会说："同样，我也正处在生死攸关的紧要关头，不过我不想接受全麻，在整个过程中丧失意识。我想要密切地参与解决问题的过程。我希望服务提供者能坐下来，帮助我了解为什么我的公司会濒临倒闭，我该如何辨别病症和起因，以及什么事情对我来说刻不容缓，什么事情对我来说还有拖延空间。来吧，坐下来和我及我的管理团队聊一聊，帮助我们了解问题以及可以选择的方案。"

与脑外科医师一样，心理咨询师对诊断和执行的要求也很高。在购买护士或者药剂师服务时，客户知道自己想要做什么，然后他们找人来具体执行。但是在购买脑外科医师和心理治疗师服务时，客户希望得到帮助，明确自己需要做些什么，以及如何去做。

不同类型业务之间的区别

四种类型的服务提供者在市场上都有一席之地，他们对客户也都各有价值所在。然而，图 13-1 传达的关键信息是，图中所描述的服务代表了四种截然不同的公司业务。各类服务几乎在所有方面都存在巨大的差异——从市场营销到人才招聘，从管理风格到经济驱动因素，从关键技能到业绩评价标准。

试想不同类型的服务提供者各自的赚钱之道。药剂师所在市场对价格很敏感，其取得商业成功的秘诀是在保证质量的前提下，以最低的成本"制造阿司匹林"。这意味着需要尽量少使用费率较高的资深员工，而大量使用费率较低的（初级）员工来完成工作，或者大力推行能够节省时间的各种工具，如方法体系、系统、模板和程序。药剂师业务的特点是收费低廉、员工利用率高。

护士同样需要依赖现成的程序、方法和工具，但是如果他们具备非常出色的咨询技能，那么他们便可以收取比阿司匹林制造商更高的费用。由于客户寻找的是一种类似于主要看护人的合作关系，他们不会太过在意价格，而更有可能为合得来、可信赖的咨询师支付高额报酬。

但是，由于护士业务中大量的工作需要与客户进行沟通，所以对前台工作部分，员工利用率可能比较低（不能大规模使用费率较低的初级员工）。因此，与阿司匹林制造商相比，护士凭借较高的收费立足，但员工利用率可能较低。

　　脑外科医师的卖点在于创新、发明以及前沿的技术。因此，他们相对较难依赖初级员工或者现有的方法来完成工作。如果他们能够真正地被市场公认为所在领域的领跑人，那么他们应该可收取高额报酬，以此安身立命。脑外科医师的赚钱之道是高收费和中低水平的员工利用率。

　　（实际上，你的收费水平能够很好地反映出你是不是脑外科医师。如果你的收费水平超过竞争对手，那么你确实就是。但如果你是靠打折赢得项目或者卷入价格战中，那么你得承认市场可能并不认为你有什么特别。你会是脑外科医师吗？还是回你的阿司匹林工厂待着吧！）

　　心理治疗师业务的员工利用率最低。由于大多数工作需要与客户高层进行当面商议，初级员工很少能帮上忙（除了背景调查和具体分析等支持性工作）。

　　心理治疗师有两个赚钱门道：第一，收取高额报酬；第二，经过诊断之后，可以推荐给"医院"的其他科室。换句话说，单独来看的话，心理治疗师的盈利性不是很高，但是他们可以通过担当类似"客户关系经理"的角色，为其他业务线创造业务机会。

　　图13-2对以上内容进行了总结，列出了各类服务提供者所需要的关键技能，以及各自的关键经济驱动因素。

谁最赚钱

　　哪种业务最赚钱？这可能不那么一目了然。尽管心理治疗师每小时收费最高，但是由于他们的员工利用率很低或者几乎为零，所有的利润均来自于服务提供者个人的劳动——而一天中只有那么些小时，一年中也只有那么些天数——所以他们的收入水平有可能是最低的。另外，即使是在价格最为敏感的市场上，药剂师也能通过制定低成本交付程序以及提高业务量来实现最高水平的合伙人人均利润。

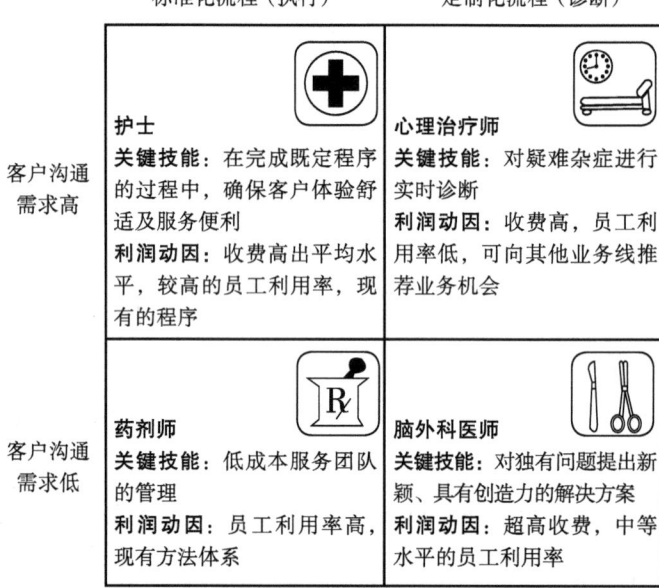

图 13-2

如图 13-3 所示，从下向上移动时，收费水平随之增高，而从左向右移动时，员工利用率随之下降。谁能找到收费水平和员工利用率的最佳组合，就能获得最高的利润水平。

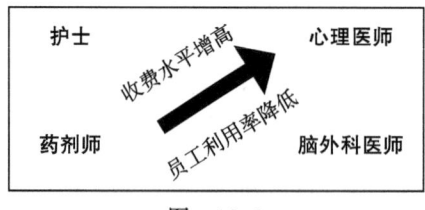

图 13-3

我们从上面的分析中可以看出，考量盈利性的时候必须全盘考虑每个项目、每位合伙人的全部费用支出。有些专业服务公司尝试采用实际费率（即实际取得的费率占标准费率的百分比）来评估所有业务板块的盈利性。根据上面的分析，很显然这种做法值得商榷。

纠结药剂师的实际费率低或者收费低其实毫无意义。收费本就该很低啊——他们在制造阿司匹林嘛！药剂师面临的问题是，他们是否知道该如何提高员工利用率，从而降低交付成本。

同样，也不用去替药剂师操心合伙人个人的"可计费比率"。在药剂师开展的业务中，高成本（以及高费率）合伙人也不是靠亲自上马去生产阿司匹林来赚钱的。他应专注于管理大批资历较浅（成本较低）的员工，提高他们的利用率（即可计费比率）。

> 原则上来说，四种类型的服务提供者都可以实现同等水平的盈利性，尤其如果用合伙人（股东）的人均利润来衡量盈利性时其结果更是如此。每种类型业务都可以通过收费水平和员工利用率的不同组合，获得同样的利润率。

原则上来说，四种类型的服务提供者都可以实现同等水平的盈利性，尤其如果用合伙人（股东）的人均利润来衡量盈利性时其结果更是如此。每种类型业务都可以通过收费水平和员工利用率的不同组合，获得同样的利润率。事实上，在现实工作中，盈利性持续保持较高水平的两类业务是护士和脑外科医师。如果分别将护士与药剂师以及脑外科医师与心理治疗师放在一起进行对比，我们便可得出上述结论。

药剂师业务的价格敏感性非常高，想要获得高利润的唯一办法是尽可能地降低交付成本。很少有专业服务公司认为自己在这方面做得很好，因此也无法在药剂师业务中实现最高的利润。

但是如果客户不仅需要执行服务，还需要日常咨询服务（即护士服务），那么因为客户对沟通的需求提高，专业服务的提供者或许可以稍稍提高收费水平。与药剂师相比，护士可以收取较高费用，而牺牲一点点（如果有）员工利用率。日常咨询服务应该具有更高的盈利性。

反方向的分析可用于心理治疗师业务。心理治疗师通常收费高昂，他们大部分工作需要客户在场，因此很难利用（如有）初级员工完成。但如果部分工作（例如调查或分析工作）可以在后台完成，那么就可以提高员工利用率，同时又不会影响收费水平。因此，如果不考虑间接创造的利润，脑外科医师比心理治疗师的盈利性（以合伙人人均利润衡量）更高。

专注的必要性

上面的分类方法不是要穷尽所有的业务类别，而更像是不同的细分市场。例如，很多审计客户可能想要找的是药剂师——在他们看来，审计工作最为程序化，执行过程中无须频繁沟通。然而，另外一些审计客户可能需要（和要求）在更大的范围内进行诊断，需要更加频繁的相互沟通。他们想要找的服务提供者必须具备护士或者心理治疗师的相关技能和方法。

你属于哪种类型更多地取决于你服务什么样的细分市场，而不是你所处的行业。

> 你属于哪种类型更多地取决于你服务什么样的细分市场，而不是你所处的行业。

这正是问题所在！假定你是一位经验丰富的税务咨询师，善于提出新颖、富有创造力的思路，专门处理复杂、前沿的税务问题（即你是脑外科医师）。一位客户想找人填写基本的纳税申报表，以确保税务合规性。鉴于这是你的客户，也确实是一个税务问题，既然你提供税务服务，你自然很可能被认为是完成这项工作的最佳人选。

错！作为脑外科医师，你可能收费高昂，而你关键的才能是创造力和解决复杂问题。填写纳税申报表和确保合规性是药剂师的工作，不是脑外科医师的工作。脑外科医师可能会倾向于把所有问题都当作需要进行脑外科手术的问题来处理。客户说，"我想要买一点阿司匹林"，然后脑外科医师回答，"好的！来，先躺好，让我检查一下看看你是不是真的需要阿司匹林！"曾经有一段时期，客户乐于接受外部咨询师这样的处理，但是现在时代已经变了。

（当然，走另一种极端也不可取。如果客户说，"我面临的问题前所未有，事关生死存亡"，这时你回答客户，"请看我们根据多年来解决典型问题的经验所创建的方法"，这可能显得不那么明智。）

即使脑外科医师意识到阿司匹林就能解决问题，如果他自己来完成阿司匹林的工作，仍然还会造成不合理的资源分配。这是因为低成本、既定方法驱动的工作不是他的强项。事实上，如果脑外科医师去做阿司匹林的工作，所有人都会有所损失：客户没能获得最低成本，你没能充分发挥自己的才能（可能会觉得这项工作很无聊），而你的初级员工失去了参与项目的机会。这项工作对你来说已经太过熟悉，但是对初级员工来说可能会是有趣的，并且有利于他们进行技能训练。

不幸的是，在各个行业中我们都不时看到明明客户只需要一片阿司匹林就能解决问题，却仍然由刚好闲下来的脑外科医师来为他们提供服务，这样他们确保自己一直处于忙碌状态（即可计费）。这偶尔发生也无伤大雅，但是如果脑外科医师花太多时间去制造阿司匹林，那么长此以往，他将可能难以维持自己作为脑外科医师的声誉和技能。

从上面的分析可以看出，专业服务公司可以是"综合医院"，迎合客户的各种服务需求，但是专业人士个人千万不能也这样做。专业人士个人几乎不可能同时在包括效率、创新、咨询和诊断在内的所有方面都面面俱到地做出成绩。

如果想在职业上有所建树，专业人士个人必须在某方面表现卓越：只是泛泛地在很多方面都"还不错"是不够的。个人必须决定他们想要成为什么类型的专业服务提供者，然后专注于提升所需的核心技能。

我该怎么选

大多数行业中都有一种令人可悲的偏见，那就是某些类型的服务提供者似乎比其他人高山一等。例如，很多专业人士自认为是脑外科医师，优越感十足。以前，很多客户的确不管问题的真实性质，都会把外部咨询师看作是脑外科医师。曾有一时，客户会说，"我不懂或者也不想了解你工作的具体细节——你只要管好我和我的问题，我自然会支付报酬！"

现在的市场可不再是这样。如今的客户都是成熟理智的购买者。他们越来越懂得他们自身的需求是阿司匹林、手术、咨询还是诊断，也更懂得货比三家，来寻找最合适的服务提供者。他们不再需要用脑外科手术来处理一切问

> 在各个行业中我们都不时看到明明客户只需要一片阿司匹林就能解决问题，却仍然由刚好闲下来的脑外科医师来为他们提供服务，这样他们确保自己一直处于忙碌状态（即可计费）。

> 专业人士个人几乎不可能同时在包括效率、创新、咨询和诊断在内的所有方面都面面俱到地做出成绩。

题的通才。他们需要的是专才，能真正为他们特有的问题带来解决方案和切实的好处。

尽管过去很多行业都自认为在提供脑外科手术的服务，而残酷的现实却是脑外科手术通常只占行业整体收入的很小一部分。当然，在真实的医疗行业，脑外科医师可能是最具魅力的职业，但是他们只代表了整个社会对医疗服务需求的很小一部分。

我们可以从目前的两大发展趋势中看到市场的大流在哪里。第一，客户越来越少地因自己特有的问题来购买服务。他们越来越多地想要依赖专业服务公司以往积累的经验和方法，通过聘请做过类似事情的服务提供者，以高效率的方式完成工作。因此，他们更愿意购买阿司匹林服务，而不是脑外科手术服务。

第二，客户越来越不愿意对他们的专业服务提供者说"你全权负责，做完之后向我汇报就好"。更多的情况下，客户想要参与项目的过程——或者至少想要被告知他们拥有的选择和及时更新进展情况，并希望服务提供者可以帮助他们了解现实状况及其原因。

> 市场的大流正在从脑外科手术服务转向护士服务（现有的、已经经过验证的既定程序加之密切的客户沟通）。

从这两大趋势中，我们可以得出结论，市场的大流正在从脑外科手术服务转向护士服务（现有的、已经经过验证的既定程序加之密切的客户沟通）。很多行业中不断发生的价格战，也印证了药剂师服务同样占据了市场的很大份额。尽管心理治疗师的角色至关重要，但是他们不属于市场的大流。在他们所处的小众市场上，少数专业人士凭借个人能力赢得客户足够的信任和信心，以至于客户无论碰到什么样的问题，总是先来询问他们要怎么办。

提供四类不同服务的专业人士的工作状态也是截然不同的。选择去开拓哪个领域不仅取决于盈利能力和市场规模，还取决于个人想要有怎样的工作和生活。

负责药房的专业人士必须喜欢管理别人，还必须喜欢推销阿司匹林——如果你不能达到一定的销售规模，搭建下级员工团队就毫无意义。护士必须喜欢向外行人耐心地讲解他们的规则，应对焦虑、紧张的客户们的各种担忧。

脑外科医师必须对处于业务领域的技术前沿带来的挑战感到兴奋，喜欢高强度地持续工作，来赚取自己应得的高额报酬。心理治疗师必须享受这种在与客户的互动中诊断和解决疑难杂症所带来的满足感。显然，不同领域的业务会吸引不同性格的专业人士。

还会有职业发展道路吗

我们说个人必须专注于或者钻研某个领域，以便能够将该领域所需的技能提升到最高的水平，但这并不是说随着个人的职业发展，没有机会进行改变。事实上，在大多数专业服务公司中早已形成一种固定模式的职业发展道路。

大多数专业服务公司常常安排刚进公司的新员工先去药房工作，这样他们可以学习行业中的关键技术知识和能力。随着不断进步，通常他们的职业发展分为两个方向：一个是侧重技术的脑外科医师，另一个是侧重客户沟通的护士。

心理治疗师很多是从具有超强创新精神的护士发展而来的，当然也不是所有的护士都能成功地晋级到心理治疗师，成为客户依赖的主要诊断者。脑外科医师成为心理治疗师也不是没有可能，只是更少见一些。除非员工在他职业发展的早期学会了基本的客户沟通技能，否则他们很难在之后的职业发展阶段再去弥补这种技能。

传统的职业发展道路（常常称作交会费）越来越多地受到诟病。以药房服务为例。在传统的职业发展模式下，阿司匹林的制造是由那些临时在药房工作的员工完成的，之后他们将会晋升到更高级别的服务领域。在这种模式下，阿司匹林制造是由那些"还在受训的脑外科医师"来完成的。这可能不完全符合客户的利益。

专注于脑外科手术服务的专业服务公司可以只招那些最好的学校里的表现最优秀、最聪明的学生。但对专注于药剂师服务的专业服务公司而言，雇用这些人却是错误的选择。他们不仅要求更高的薪资报酬，而且他们出众的才智可能与药剂师服务不相匹配。如果专业服务公司的主营业务是做汉堡，那么他们一定不会聘请那些整天梦想着要离开，成为法国蓝带大厨的人。他们想要的是对汉堡事业充满激情的人。

只要具备基本素质，年轻人都能学会应用现成的方法和工具，所以那些专注于药剂师服务的公司完全可以聘用没有专业教育背景的人。但它们必须建立结构化和正式的培训与发展计划，以确保新人可以很快学会使用公司现有的方法（这正是当前一些管理咨询公司的做法，不拘泥于新进员工的教育背景，其中甚至包括人类学和艺术学）。

专业服务公司通常不会对在药房工作的员工承诺快速晋升通道和职业发展，相应地也不存在传统意义上的"能者上，庸者下"的制度（这也正是六大会计师事务所逐步意识到它们很多的业务都属于药剂师服务，从而开始摒弃这种制度的原因之一）。

护士类服务不仅要求员工可以应用相关方法，还要求员工与客户保持良好的关系。一个普遍的做法是聘请那些在之前的工作中需要经常与客户打交道的人，寄希望于他们能够理解客户的处境。

还有一些做法也是值得考虑的。我曾经帮助一家律所客户制定招聘流程，用于甄别候选人的咨询技能。进入最后一轮的每位候选人被要求对公司里的一位秘书解释他在法学院时最喜欢的课程。通过这种方法，公司可以鉴别在这些候选人中，谁在自己的专业领域精益求精，谁还能将专业知识深入浅出讲给外行人听。

自然，脑外科医师业务要聘请最优秀和最聪明的人。由于这些人流动性大，在市场上很抢手，所以专业服务公司必须为他们提供快捷的、"能者上、庸者下"的职业发展制度。在这里，培训会大大脱离正式课堂教学的方式，更多地依赖传统的学徒模式，通过和导师共同工作来学习。

最后，心理治疗师的招聘机会最少也最神秘，几乎从不招聘没有经验的人。他们（一定程度上）倾向于招聘成熟的资深员工——通常已具备多年行业经验。

在不同类型的业务之间，股权管理是公司管理方面的另一个差异。对心理治疗和脑外科手术服务而言，专业服务公司提供的价值在于公司旗下员工个人的专业才能。而这些人流动性大且在市场上很抢手，所以专业服务公司必须对员工持股更加灵活，才能留住这些人才。要么他们必须是合伙人，要么在公司制下资深员工可以较为容易地参与持股。

> 对心理治疗和脑外科手术服务而言，专业服务公司提供的价值在于公司旗下员工个人的专业才能。而这些人流动性大且在市场上很抢手，所以专业服务公司必须对员工持股更加灵活，才能留住这些人才。

相比之下，护士和药剂师服务的价值更多地体现在专业服务公司的系统和程序上，较少依赖员工个人的技能。这些业务可以——通常是——采用独资有限责任公司的组织形式。通常用不着动用参股计划，只需一些利润分享计划就足以留住关键员工。图 13-4 对这些"人员问题"进行了总结。

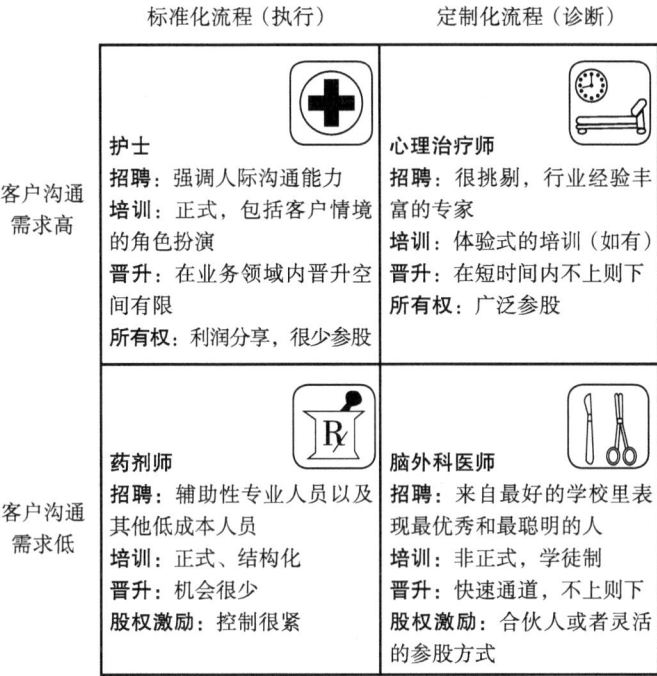

图　13-4

市场营销

和所有其他的商业问题一样，各类业务在市场营销和客户关系方面差异也很大。在药剂师业务中，客户购买的是专业服务公司的系统、程序和培训制度所提供的舒适、安全和保证。因此，药剂师必须要先推销公司，而不是员工个人。专业服务公司必须花费很多精力去创建品牌，包括借助诸如直接邮件和宣传手册等大众营销工具。市场营销组合甚至可以包括广告。

护士业务更多的是与客户保持长期的业务合作关系，（无论个人还是公司，但是更多是个人能力）在客户服务技能方面具有良好的声誉对在市场上取得成功至关重要。对护士业务而言，口碑和相互业务推荐对未来的业务发展至关重要。

心理治疗师和脑外科医师业务强调员工个人的声誉和能力，而不是专业服务公司的名号（有一则大家熟知的标语对此可谓是一语中的："我聘请的是律师，不是律所"）。这两类业务的市场营销活动通常定制化程度高，而且以口口相传的相互业务推荐为主。

心理治疗师常常会与某几个经过精心挑选的客户之间保持密切的关系，而脑外科医师的工作更多地跟着交易走。因此，心理治疗师可能对客户所在的某个行业有深入的了解，而脑外科医师则更侧重于在技术上建立无人能及的声誉。

小结

以上四种类型的业务之间差异巨大。它们之间的差异怎么说也说不完。我忍不住想再多说一点：管理风格问题。药剂师业务有着较高的员工利用率，工作内容为大众熟知且遵照既定方法执行，对价格高度敏感。因此，药剂师业务的管理必须更加强调纪律、成绩评估、秩序和清晰的组织结构。它们最需要的是类似于组织严密的军队的管理风格。

但是心理治疗师业务却不能采用同样的管理风格。这是由于既定的方法在这里完全无用，每个客户的问题都不一样，价值不是体现在办公室里的工作，而是通过与客户的沟通来实现。效果最好的应当是一种参与式和顾问式的球员与教练之间的管理风格。

如果不同业务之间差异如此之大，那么显然很容易犯一个错误：用

显然很容易犯一个错误：用同一种方式来管理整个医院。然而，这正是很多专业服务公司的做法。同一种方式来管理整个医院。然而，这正是很多专业服务公司的做法。"咨询是咨询，"他们说，"税务是税务。"但是它们不是！如果你不清楚自己属于哪种业务，可能会导致无效的管理方式（比如让脑外科医师去制造阿司匹林）。你不仅需要了解你想要卖什么，还要了解你的客户想买什么。

我常碰到这样的专业服务公司。它们的核心问题是员工想要做脑外科医师，但是它们却身处护士业务的市场中。做护士没有什么丢脸的，想要成为脑外科医师也是十分正当的想法。但是假装是不能接受的——当你的客户想要护士，你却装作脑外科医师。

要么去找一些真正的脑外科医师业务，或者围绕护士类客户所需的关键技能，开始对你的公司进行调整。哪条路都可以走得通，但技能与客户不匹配是死路一条。

在本章中我想强调的是，分析中最重要的问题其实是个人——我认为个人必须决定自己想要成为什么类型的服务提供者。专业服务公司，尤其是大型专业服务公司，可以让员工涉猎所有类别的业务（即作为综合性医院）。但是想要做好却不是一件容易的事。这需要搭建不同的专家团队，了解各团队的管理需求，以不同的方式对各团队进行管理，并且确保各团队之间能够良好合作（以及相互推荐业务）。

例如，在一个大型复杂的交易中，常常其中可能需要某几类或者所有类别的服务。客户的最佳选择应是一个运转良好的综合医院，且其中各科室能将相关的客户工作推荐给恰当的专家团队。

至少理论上应该是这样。在现实中，大型专业服务公司会遭遇两大问题，阻碍上述理想解决方案的执行。第一，它们常常不是按照我们建议的分类方法来搭建团队，而是按照普通的专业学科分组（即税务部门）。用药剂师来从事药房工作的问题还是没有得到改善。第二，理想的解决方案意味着负责相关工作的员工必须自愿将部分工作转交给其他人，但这不常发生。理想的解决方案最终也只是一个理想。

对提供所有类别服务的专业服务公司而言，还有一个需要考虑的问题是市场声誉。如果客户大都认为你是最出色的阿司匹林配药师，那么这种形象对你想要将自己树立成脑外科医师或者心理治疗师有什么影响？真的可以在同一个品牌下建立起在创造力、低成本、咨询和诊断方面（即所有类型业务）都保持最高水准的声誉吗？我深表怀疑。

对大多数专业服务公司和个人而言，如果能够准确地知道自己属于哪种服务类型，专长所在，以及哪类客户需要你能够提供卓越的服务，则相当于获得了制胜的法宝。

你属于哪种类型服务的提供者？

14

管理客户的项目

> 诚然，我们需要你个人的能力和专注。但同样重要的是，我们需要你能积极地管理好项目的大局。

我曾不止一次在我主持的客户服务小组会议中听到客户向专业人士说："我们把项目交给你，实际上不是交给你一个人——而是交给了你的整个团队。我们想确定你会切实地管理整个项目，包括参与项目的每一个人。诚然，我们需要你个人的能力和专注。但同样重要的是，我们需要你能积极地管理好项目的大局。"

客户时常抱怨他们接触的很多专业服务公司缺乏合理的内部制度，来确保项目得到妥善的管理。这主要是因为这些公司常常无法（在客户提出要求时）及时提供项目进度报告，根据计划编制出费用预算，或者报告其他工作和费用的最新进展情况。客户还明显感到，与管理团队相比，很多合伙人似乎更热衷于亲自参与具体工作。

专业服务公司大多喜欢以个人或业务组（即利润中心

或者业务领域）为单位记录业绩及其相关财务数据。但是，对专业服务公司而言，最重要的分析单元并不是个人或者业务组。项目层面（或者交易、任务或者具体事项层面）才最能体现出业务的经济表现。这才是客户最在意的事情！

很多行业的收费压力都在不断地上升，越来越多的客户要求采用固定收费模式。这些都使得专业服务公司不得不重新考虑其内部体系，以便更有效地进行项目管理。显然，在固定收费模式下，良好的成本管理成为利润率的唯一保证。这意味着专业服务公司必须建立相关报告系统，尽可能精准地识别项目执行过程中发生的各项成本。

> 项目层面（或者交易、任务或者具体事项层面）才最能体现出业务的经济表现。这才是客户最在意的事情！

项目层面利润表

不管专业服务公司采用哪种方法对服务进行定价，它们都应编制项目层面的利润表，并在其中考虑项目发生的全部成本。一旦编制完毕，即可形成项目利润率指标的数据库，专业服务公司可借此分析哪种类型的项目利润率更高或者更低。这将为业务开发工作提供宝贵的工具，为其指明努力的方向。另外，专业服务公司还可借此对类型相似的项目进行比较，以发现提高效率的机会。此外，通过密切关注项目利润率，专业服务公司还能分辨出哪些活动的回报更高或者更低，从而有助于更加合理地分配资深员工的时间。

项目层面的利润表不仅能为数据分析提供来源，还能为激励制度的有效运行奠定坚实的基础。如果项目负责人不仅要对收入和无效工时负责，还要对项目执行发生的成本负责，那么他们将不得不重视以下事项：项目人员如何安排，有没有督促初级员工了解他们的职责，以及整个团队协同合作的效果和效率如何。

> 如果项目负责人不仅要对收入和无效工时负责，还要对项目执行发生的成本负责，那么他们将不得不重视以下事项：项目人员如何安排，有没有督促初级员工了解他们的职责，以及整个团队协同合作的效果和效率如何。

计算过程

修改现有财务记账软件的相关设置，生成项目层面的利润表通常不会太难。大多数电子财务系统都会记录每个项目的现金收入以及员工出勤表——包括工时数和标准费率。你只需要将员工出勤表中的标准费率栏换成员工每工时成本，就可以创建出成本核算系统（通常每年只需这样操作一次）。然后你就可以得出项目的收入和成本，拿来做你想要的分析。请参看表 14-1，表 14-1 举例说明了如何进行计算。

在表 14-1 的例子中，项目发生的总工时成本为 112 000 美元（按照公司的标准费率计算），发出账单 112 000 美元，并全部收回款项（回收率 100%）。

首先，我们从现金收入中减去项目上初级员工发生的时间成本。对每位初级员工，我们将他的工资和员工福利加总，然后除以标准（目标）计费工时数——每位初级员工的标准计费工时数相同。这样我们可以得到每位初级员工每工时成本。如果我们用每工时成本乘以该初级员工在项目上发生的时间，我们就能得到他在项目上发生的总成本。对项目上每位初级员工（以及辅助人员）都进行相同的计算，加总之后便可得出除合伙人外的人工成本总额（本例中假定人工成本总额为 19 000 美元）。

表 14-1 虚拟公司利润表摘要

	公司总收入	百分比	项目	百分比
收入	63.9 百万美元	100%	112 千美元	100%
初级员工工资	14.1 百万美元	22%	19 千美元	17%
收入贡献总额	49.8 百万美元	78%	93 千美元	83%
其他支出				
各项杂费	30.4 百万美元	47.6%	—	—
合伙人成本	19.4 百万美元	30.3%	41 千美元	37%
收入贡献/合伙人成本（即合伙人时间成本的回报率）	(49.8/19.4)	2.57 美元	(93/41)	2.27 美元

注：在公司制下，合伙人的用法可能不太合适。可能需要进行两处修改。你可以用资深员工进行替换（从而计算资深员工时间成本的回报率，这项结果也很有意义）。然后用收入贡献总额减去资深员工时间成本（不要用收入贡献除以资深员工时间成本），从而得出收入贡献净额。再用收入贡献净额与项目的总收费相比，就可以得出毛利率。

如果我们从现金收入中减除人工成本总额（以及客户没有支付的代垫费用），我们可以得出收入贡献总额。在本案例中，假定没有代垫费用，用 112 000 美元减去 19 000 美元，得出 93 000 美元。

93 000 美元中包含了各项杂费和合伙人利润。如果想要将收入贡献总额变成纯利润数据，我们需要按照项目对各项杂费进行分摊，这很复杂（也很有争议）。我们暂且用 93 000 美元的收入贡献总额作为利润。这个利润水平高不高？想要回答这个问题，必须考虑合伙人（或者资深员工）为获取 93 000 美元的回报，投入了多少时间成本。那么我们怎么计算合伙人的时间成本呢？

我偏向于使用合伙人最新的薪酬数额来进行计算。用每名合伙人的薪酬除以相同的（标准）计费工时数。例如，如果合伙人的标准计费工时数为1600小时，有两名合伙人，他们的薪酬分别为320 000美元和160 000美元，可以得出他们的单位时间成本分别是每工时200美元和100美元。因此，按照每工时费率计算，公司为薪酬较高的合伙人支付的单位时间成本比薪酬较低的合伙人更高。

我们来看对项目有所贡献的每位合伙人，将其在项目上的工时数乘以每工时成本。为了更好听，我们不把这个总数看作是成本，而是合伙人在项目上的投入。我们假定总共有价值41 000美元的合伙人时间（按照薪酬总额进行计算）投入到项目中。

现在我们可以来问：公司在这个项目上投入的合伙人时间是否收到了高额回报？我们用收入贡献总额（93 000美元）除以合伙人投入额（41 000美元），得出回报率为227%。这个回报率看起来很高：一定要了解这个数字背后的含义！记住收入贡献总额包含了合伙人薪酬和各项杂费。收入贡献总额与合伙人投入额之间的比率必须超过100%，才能足以支持合伙人（上一年度）的薪酬。那么还应该要有多少才能足以支付各项杂费呢？

我们根据公司的（年度）财务数据进行简单计算就可以得出上述问题的答案。从表14-1可以看出，如果想要支付各项杂费和合伙人薪酬，每一美元的合伙人薪酬必须产生2.57（=49.8/19.4）美元的收入贡献额。如果合伙人薪酬增长，则收入贡献额也必须相应超过2.57美元。因此，公司的目标是要让收入贡献总额与合伙人投入额之间的比率达到或超过257%。

收入贡献总额的概念可能看起来很奇怪（包含了各项杂费和利润），但是可以让我们更加简单明了地分析单个客户的情况。通过这种方法，专业服务公司可以尽可能地利用公司传统的利润指标——合伙人人均利润，而不用费力地按项目分摊各项杂费。

那些可以可靠地和明确地分配到单个项目上的成本——尤其是除合伙人之外的其他员工成本——应先归属到相应的项目上。剩下的成本应作为共同费用由所有项目进行分摊（这种方法相当于按照公司的平均杂费比率计算每个项目应承担的各项杂费）。如果专业服务公司采用了项目层面利润表的核算制度，那么就还需考虑寻找更加精确的办法来将各项杂费分摊到每个项目上。

经过计算，我们得出案例中的项目回报率为227%，稍低于公司的目标利润率。在这个项目上公司按标准费率计费并已收到全部款项（收到款项与标准时间成本的比率为100%），这会让大多数公司认为这是一个盈利的项目。但是这个项目上投入的每一美元合伙人报酬所产生的收入却很低。这中间有什么不对劲！我们经常发现原以为盈利的项目最后获得的合伙人时间投入的回报率却很低，反之亦然。道理很简单：回收率高不代表合伙人人均利润高——而后者更为重要！

对那些不是以合伙制，而是以公司制作为组织形式的专业服务公司，我还要多说几句。上面的分析逻辑同样适用于公司制，但是可能需要稍做修改。在任务、项目或者事项层面建立成本核算系统对它们来说也同样重要。但是它们可以选择不计算"资深员工时间投入回报率"，如前所述，可用收入贡献总额减去资深员工时间成本，得出收入贡献净额。收入贡献净额可以与项目收费总额进行比较，然后得出总的毛利率。毛利率完全可以代替上面的"回报率"。

使用报告

我们案例中的项目可能存在哪些问题？答案可能很多，项目利润表作为工具不是要给出公式化的答案，而是要引发更有意义的讨论。可能存在的问题有：

- 如果使用报酬稍低一些的合伙人，可以提高项目的利润率吗？这位合伙人对项目工作而言是不是不可或缺？
- 能不能在保证质量不变的情况下，在项目上什么地方少花一些时间（和成本），然后仍然收取客户可以接受的报酬（请注意表14-1中的计算没有考虑计费标准——只是简单地对收入和成本进行比较，没有考虑专业服务公司的服务收费标准）？
- 这种项目是不是总是达不到我们的目标回报率？我们是不是应该去找成本更低的方法来完成这种项目，或者干脆不再提供这类服务？
- 本案中是否存在合理的理由导致利润率低于平均水平？该项目的客户能否在其他项目中带来利润（或者具有战略意义），利润率稍低可否算是一项合乎情理的投资？或者这也许是我们在试图进攻的新市场上承接的第一个项目？

这里我想指出的重点是，通过简单地计算项目层面的盈利性水平可以让很多问题浮出水面，而如果依旧沿用传统的业绩指标，专业服务公司是很难发现这些问题的。大多数专业服务公司可能会说，"嗯，回收率100%。还不错！继续努力！"而新的指标将会抛出客户关注的问题（"在我的项目上，你们怎么来配置人员，谁来负责整体预算"）以及专业服务公司如果想要成功必须探讨的问题（"我们执行这类项目的时候，怎样做可以降低成本？什么工作应该由我来做，什么工作我应该分派给其他同事，而又不会影响质量和生产效率"）。

具体执行

当然，针对上面提出的方法还有很多问题要弄明白。很多专业服务公司会问，"为什么你要用每个人的工资除以标准工时数，而不是他们的实际工时数？"这是因为如果某个员工的实际工时数很低，用工资除以实际工时数就会得出异常高的工时成本，而没有项目想要成本如此之高的员工加入。最忙的员工（按有效工时计算的单位时间成本最低）是最抢手的，而最闲的员工是大家都不想要的。这是相对存在的。

还有一个相关的问题是，"如果初级员工额外工作 500 小时，在这种标准成本核算体系下，这 500 小时应该会被直接忽略，不计入成本，从而项目就能直接达标了吧？"是的，这种体系确实会忽略这种差异，而且是有目的性的。如果你想通过延长初级员工的工作时长来赚钱，可以，但是这完全是另一码事。这与项目的人员配置和管理是否妥当没有关系。

延长员工工作时长意味着承接更多的项目。如果这是你想要的，也可以！这是通过提高产量来赚钱。但是请小心：不要把这和提高生产力和效率相提并论。提高产量与提高生产力不是一码事。前者是短期策略，而后者本质上是长效的竞争优势。

我们听到的另一个反对意见是，"这种体系应该会鼓励合伙人人为地降低计入项目的工时数，从而提高账面上每工时时间成本的回报率吧？"显然，如果采用标准工时数，这种情况的确存在。但是，请注意项目层面利润率是一项补充性的工具，它不会完全取代公司其他的控制体系。专业服务公司仍然需要跟踪记录计费工时（或者有效工时利用率）。这样一来，专业服务公司可以轻易发现诸如此类的作弊行为。

还有一个值得注意的反对意见与各项杂费相关。"如果我的项目上的初级员工人数很少，为什么我还要去达成按照公司费用总数计算出的业绩目标？既然初级员工人数少，耗用的诸如办公空间、培训等各项公司费用也会较少。"事实上，在完全成本核算体系下，对各项杂费进行分摊是合情合理的，但是使用这种体系之前，还要考虑两点。

第一，根据我的很多客户的经验，到底采用什么样的费用分摊方法争议很大，但尽管如此，它们却很少会对最终结果产生重大影响（别光听我说，自己去试试看）。第二，还是要再次强调，不能教条死板地来使用项目利润表的结果，而是要将此作为一种途径，引发有关工作效率和生产力的思考与探讨。既然合伙人需要负责分摊的各项杂费，但又不能直接控制这些费用，他们自然就有理由来质疑分摊结果的合理性。

> 到底采用什么样的费用分摊方法争议很大，但尽管如此，它们却很少会对最终结果产生重大影响。

如果专业服务公司只是按客户来记录现金收入，而不能区分每个项目的收款情况（比如一次性收到多个项目的款项），那么它们可能会觉得很难实施项目层面利润表的制度。但是，大多数客户其实希望账单上能清楚地列明"每项服务的收费金额"，因此对系统进行调整，跟踪记录每个项目的具体情况，不仅更符合客户的需求，还能对专业服务公司自身有所帮助。

额外的好处

很多专业服务公司发现，一旦建立了项目利润表的制度，还能获得一些额外的好处。对未出账单的服务成本（WIP）和过期应收账款（A/R）的管理变得比较容易。可以对所有未出账单的项目支出和过期的应收账款加计利息成本（可以按照公司的借款利润率计算），这样一来，你可以明显看出，如果利息成本金额过大，就会吃掉项目的利润率。通过进行核算，项目层面的服务成本和应收账款的利息成本得到了实时关注。

如果合伙人需要对项目的利润率负责，那么他们就会有切身利益去管理相关指标。不少公司都发现采用项目利润表制度之后，合伙人的行为发生了很大改变。表 14-2 列示了项目利润表如何来影响这些因素。

表 14-2 项目层面的盈利性报告

现金收入净额
减去
合伙人以外其他员工的时间成本（合伙人以外其他员工的工时数 × 每个人的工时成本）
减去
未收到款项
减去
未出账单的时间成本（30 天内未出账单的时间价值 × 借款利率）
减去
应收账款成本（30 天内尚未结算的账单金额 × 借款利率）
等于
收入贡献总额
除以
合伙人在本项目上的投入（合伙人工时数 × 每人每工时的成本）
等于
合伙人投入的回报率

注：如果不是采用合伙制，请参看表 14-1 进行相应改动。

利用成本核算系统实现战略性目标是可行的。比如，在我曾经服务过的一家专业服务公司中，对尚需进一步培训的初级员工以及那些在不同部门或者分所之间轮换调岗的员工，项目利润表中每工时成本会有所调整，从而鼓励合伙人充分利用这些"低产的"资源，又同时保证他们还可以达到公司的业绩指标。

那些工作性质具有很大季节性的专业服务公司（比如审计事务所）也有类似的情况———一年中忙季的时候员工高强度工作，而淡季的时候员工利用率却明显不足。长久以来,审计事务所一直在向合伙人强调,要与客户相互协调配合,把忙季的某些工作挪到淡季来完成。但是这些唠叨常常都变成了耳边风。

但是在项目层面利润表框架下,采用季节性成本计算方法就变得比较容易。在忙季,一名初级员工是价值昂贵的资源,但是同样的员工,到了淡季,就变成了低成本的资源。由于项目利润率采用了季节性的核算方法,想要提高项目利润率,合伙人就有了更加切身和直接的动机将忙季的工作挪到淡季去完成——这简直是翻天覆地的改变。

对管理工作给予奖励和认可

想要成功地执行项目利润表制度,每个项目都必须要明确指定一位"管理合伙人"。长久以来,这个角色都被专业服务公司的管理制度和激励制度所忽视。管理合伙人不一定非得是拿到项目的人,或者是在项目上花费最多工时的人(尽管他可能常常是花费最多工时的人员之一)。在本章所提出的制度下,项目管理是一项极其重要的工作,而且要求管理者具备关键的技能。

还记得古老的祷文中的"探路者、看管者和历练者"吗?很多专业服务公司有着无懈可击的制度来跟踪记录和奖励探路者与历练者,但是却没有相应的制度来评价或者奖励看管者。是时候让看管——良好的项目管理,回归到它该有的位置,即专业服务公司若想决胜市场必须要做的事情的清单的前列。

> 是时候让看管——良好的项目管理,回归到它该有的位置,即专业服务公司若想决胜市场必须要做的事情的清单的前列。

15

为什么要合并

历史上没有哪个专业服务公司之间的合并案例能令人印象深刻。尽管很少有合并最终演变成灾难，却也同样很少带来显著的竞争优势。合并是可以取得成功的，只不过成功的案例凤毛麟角。

若要能产生竞争优势，合并不仅要为合并各方带来价值，它还必须为客户创造额外的价值。这条原则看起来很简单，却常常极少受到重视。

比如，很多专业服务公司认为合并的意义在于"我们可以相互推荐客户，从而提高我们的收入"。这也没错，但是没有合并也可以做到这点。与公司之间的业务推荐相比，公司内部的业务推荐能为客户带来多少价值提升呢？显然并不多。尽管合并着实促进各方进行业务推荐（即使数量不如想象的多），但任何一方都很难说合并之后为客

> 合并是可以取得成功的，只不过成功的案例凤毛麟角。若要能产生竞争优势，合并不仅要为合并各方带来价值，它还必须为客户创造额外的价值。

户带来了更高的价值（即竞争力获得提升）。

专业服务公司之间的合并可以为客户带来什么样的好处呢？我把这些合并分为五种类型：菜单式合并、大块头式合并、点式合并、炼金术式合并和危机式合并。

菜单式合并

菜单式合并试图通过拓展专业服务公司的服务内容来创造竞争优势，因此其目的在于借助有效的跨业务线销售为客户提供更为宽泛的服务选项。这行得通吗？可能吧。我通过一个问题来简单测试一下：合并之前，你所在公司在跨业务线销售方面的成功率如何？如果合并之前跨业务线销售的成功率很高（很少专业服务公司能够做到），那么这条路可能行得通。如果成功率不高，那么是什么让你相信在合并之前都做不好的事情，会在引入新的服务项目之后取得成功呢？众多行业和企业都尝试过"一站式超级市场"的模式，而几乎无一成功。

> 众多行业和企业都尝试过"一站式超级市场"的模式，而几乎无一成功。

不过，也可能有些客户会买账。最简单的方法就是直截了当地去问他们。选择一组你认为最有可能对新服务感兴趣的客户。邀请他们共进晚餐，然后告诉他们，"这还在保密阶段，但是我们在考虑纳入一些其他专业领域的专家。"（你不用告诉他们你要进行合并。）然后你可以继续追问，"你们觉得怎么样？你们觉得这对你们来说有吸引力吗？你们会试用我们提供的新服务吗？"你不必过于迷信他们的答案，但可以借机测试出你的计划可能会在市场上掀起怎样的涟漪。出人意料的是，即使合并计划涉及上千万美元的资金和成百上千的人，专业服务公司也很少这样去做。

请注意，和所有的合并一样，这里存在两个问题：客户是否认可你想通过合并创造的价值（即在菜单式合并中，拓宽服务范围），以及合并是不是实现该项价值的最佳途径。

> 和所有的合并一样，这里存在两个问题：客户是否认可你想通过合并创造的价值，以及合并是不是实现该项价值的最佳途径。

大块头式合并

大块头式合并的理论依据是只有大公司才可靠。它指的是相同地域相似公司之间的合并，其背后的理论基础是公司规模变大，才能更好地竞争。这种理论认为，大公司拥有足够的资源，可以承担小公司无力承担的大型项目或任务（或者小公司可能无法让市场信服它们足堪大任）。另外，大公司在市场上分支机构更多，因此有着更多的机会进入客户的专业服务公司候选名单。

规模对市场营销有所帮助这一点不假。但是用规模替代市场营销却有不妥。市场可信度以及有更多机会受邀参加竞标，都可以通过有效的市场营销活动来实现。借助合并来获得市场可信度就好像用牛刀杀鸡。热衷于大块头式合并的专业服务公司就好像在说，"我们不知道怎样可以变得更好，所以我们就变得更大，因为规模还是有用的——一丁点儿用。"

当然，规模增大并不一定意味着专业服务公司可以获得更高的利润率。决定专业服务公司成败的因素——客户服务、创新、生产力提升、合作——本质上很少取决于规模大小。在寄希望于用规模来解决问题之前，专业服务公司能够也应当早早想办法去解决所存在的问题。没有客户会傻到认为两家中等规模的"好"公司合并之后，就会变成一家大型的"好"公司，而客户会因此得到更好的服务。

如果按合伙人人均利润率来衡量，小公司即使赢不过大公司，也不输于大公司。专业服务公司提高利润率的关键在于提升业务质量——拿到报酬更高、员工杠杆利用率更高、收费更高的项目。如果规模不变也能做到这些（通过市场营销、创新、客户服务和创造力），那么扩大规模不过是可选项。反之，如果规模增大不过意味着更多收费低、员工杠杆利用率低的项目，那么利润率可能不升反降。正如老话说的那样，"规模不过是虚妄——利润才是真理。"

点式合并

点式合并指的是位于不同地区、相似的专业服务公司之间的合并。这种模式的合并试图通过增加分支机构数量来获得竞争优势，以期将服务覆盖至全球、全国或者整个地区。

如果客户的项目需要在多个地区同时开展（例如很多跨国公司的审计工作会有这种需求），他们显然会需要这种跨区、多点的专业服务公司。能够提供跨地区服务为这种端对端的合并模式提供了无以辩驳的理由。但是，其实绝大部分的客户工作并不需要不同地区同时开展和共同参与。

那么，为什么客户会希望服务提供商能在多个地点提供服务呢？有可能客户只想将某种类型的工作交给同一家专业服务公司来做，但是又不想花费时间和金钱让专业人士飞来飞去。或者，客户可能想要他们常用的国内专业服务公司设立海外分所，这样便于处理一些国内外关联的事务。

当然，众口难调，你不可能让所有人（客户或潜在客户）都喜欢你。有些客户可能会对你的计划怦然心动，有些客户则可能会无动于衷。事先了解特定客户的需求很有必要。你需要调查（和明确）哪些客户会受益于你的合并计划。

很多合并的初衷都是源于拓宽板图的错误想法。为了填补公司宣传手册中覆盖区域的空缺而去新设或者收购一家分所，并不足以让人信服，但这确实是现实中最为常见的合并理由。

根据我的经验，除非在极少数情况下客户项目需要在不同地区同时开展，否则客户在选择专业服务公司时，很少会将分支机构覆盖范围作为决定性的考虑因素。而对于其他类型的工作，客户想要找的是能为他们提供最佳服务的人，而不是在遥不可及的专业服务公司的外地分所的随便什么人。一般情况下，他们自信有能力选出不同业务领域内最合适的专家。

我记得曾经代表某六大会计师事务所之一访问一位位于得克萨斯州达拉斯市的客户。事务所想要向该客户推荐他们的国际税务服务。客户说，"我希望这些事务所不要再给我看一张布满他们分支机构的世界地图，似乎觉得这会打动我。请把我当成理智的成年人。比如你在巴黎有分所，如果我有法国税务问题，你可以把你巴黎的同事引荐给我，但这对我来说毫无价值。我可以很轻易地在巴黎找到可靠的税务顾问。公司内部推荐对你来说可能是件好事，但是如果我看不到能从中得到什么额外的好处，这对我而言没有任何吸引力。"

"你想要的是什么样的好处呢？"我问道。"嗯，"她说，"与其说我需要的是国际化的专业服务公司，不如说我更需要国际化的专家、国际化的人才。给我懂得欧盟法律的身处达拉斯的人。这样的人才不多见，因此才更难能可贵。或者说服我你的公司严格执行超高的质量和服务标准，与你们结盟的其他分所能够确保我获得超高水准的服务。但根据我的经验，这太少见了——专业服务公司的服务水准依赖于各地具体提供服务的那个人，而同事推荐不能提供任何保证。"

> 与其说我需要的是国际化的专业服务公司，不如说我更需要国际化的专家、国际化的人才。

以上观点说明仅在不同地区设立分支机构并不能为客户带来什么价值。板图拓展计划能否真正让客户受益取决于你如何来利用这些分支机构。例如，有一些地域合并极大地提升了专业服务公司向客户提供服务的能力。它们的做法是组织各地各业务领域的员工进行定期交流，参与同一项目进行精进合作，分享知识，制订共同的培训计划，从而提升各地员工个人的专业能力。这相当于是在培养"国际化的专家"。

> 通过有效利用这种多地联动的业务组，可以促使合并产生真正的效应。

通过有效利用这种多地联动的业务组，可以促使合并产生真正的效应。只有当新的合作模式经过实践验证可以切实提升专业能力，合并效应才会出现。这其中有三大教训。

第一，地域合并带来的好处最有可能出现在业务组层面，而不是公司层面。

第二，合并效应主要在于创建新的专业能力，而不在于市场营销。

第三，对每个业务领域而言，合并产生的结果几乎都不相同。每个业务组都在想尽办法利用新的合作模式打造新的专业能力，因此在同一项合并中实际上包括了一系列单独的合并。

炼金术式合并

炼金术式合并寄希望于能产生协同效应。通过合并，专业服务公司希望能够创造出新的东西。我们先认可这条路走得通。实际上，如果真的能做得好的话，这是所有合并类型中最强大的。一个最贴切的例子是通过合并来搭建多业务线的综合服务模式。在不存在监管壁垒的国家，这种方法非常先进且广受欢迎。

以会计师事务所进入法律服务领域为例。如果在事务所里工作的律师只是独立地提供法律服务，那么可以说会计师事务所提供法律服务这件事情并不能给客户带来什么额外的好处。他们只不过是市场上一家普通的律所而已（虽然可能在管理上稍好一点）。但是如果会计师事务所能够将法律专长融入其会计、税务和咨询服务中，结果将会截然不同。

咨询公司和会计师事务所为客户的收购、出售、联营、上市，以及其他各种金额重大、复杂的交易提供咨询服务。咨询公司和会计师事务所都将法律板块纳入服务范围，从而提供全方位的服务，与律所竞争。没有什么商业理由阻止它们这样做。现实情况非常明确——在法规允许的地方——会计师事务所都在积极地搭建法律服务板块。

还有一个例子有关很多员工福利咨询公司。这些公司的传统业务是提供福利计划的设计、分析和咨询服务，但是常常它们的工作到最后会转到律所手中，比如福利计划的登记注册、日常合规、申报等。将来，它们应该能具备能力提供全方位的服务，不再让工作流向律所。

当然，律所不光只是受到冲击一方，它们也能主动出击。很多律所（尤其在美国）已经成功地搭建起"炼金术式的"多业务线服务板块，比如医疗健康咨询、环境咨询、国际贸易咨询、房地产管理咨询、经济调查以及计算机软件开发。咨询服务市场上还能看到其他一些炼金方法，比如公司战略咨询师已不再满足于只做信息技术的提供者，也积极参与咨询意见的实际执行。

最终，这些发展趋势会改变当前专业服务公司的竞争格局。但是，专业服务公司如果只是通过合并或招聘将各领域专家进行简单的拼凑，是达不到这种效果的。(从客户角度出发)合并能带来的价值提升主要是规划、协调和整合各领域不同专家的能力。这给专业服务公司带来巨大的压力，也将挑战它们驯服这头今日已不同往时的野兽的能力。

从另一个角度来看，在复杂交易中，客户需要一个总管来负责项目整体运行，包括管理、协调和整合多个技术领域的专家。这些专家在项目中分别负责处理各自领域内的相关具体技术问题（管理、会计、法律、财务、咨询、业务战略等）。那么问题来了，"谁才最可能具备关键的项目管理技能，来担当这个项目总管呢？"很多专业服务公司通过合并或者收购，将各领域专家招致麾下。但是它们中很少有几家能够让市场相信它们会由此创造出（以及能

> （从客户角度出发）合并能带来的价值提升主要是规划、协调和整合各领域不同专家的能力。
>
> 很多专业服务公司通过合并或者收购，将各领域专家招致麾下。但是它们中很少有几家能够让市场相信它们会由此创造出（以及能够管理）一种无缝连接、紧密整合的"一站式"服务体系。

够管理）一种无缝连接、紧密整合的"一站式"服务体系。

危机式合并

危机式合并是最常见的合并类型之一，不属于前面描述的任何类型。它的理论基础是，在大多数专业服务公司的合并案中，我们看到的唯一最大的好处是造成合并主体的业务发生明显中断。这种混乱为重大的管理变革创造了条件，而这在合并之前是无法通过一般手段实现的——即使变革是如此明智和迫切。

专业服务公司竞争力的提升大都通过增强基本能力来实现，比如客户服务、效力、创新性、技能提升、资源分配以及合作。但是，想要增强这些基本能力，专业服务公司通常需要对组织、问责、评估和报告制度进行重大的变革——而往往由于变动过大，专业服务公司对这些变革无法达成共识。

两家专业服务公司合并就像是把所有牌都扔到空中（打乱一切重新来过）。新合并的专业服务公司必须重新审查自身的组织架构、系统、业务负责人和其他管理岗位的人选，从而借此机会对业务管理进行大手术。我们经常看到，新合并的公司会启用新的评估和问责系统，而在合并之前合并各方不可能就这些举措取得董事会的支持和批准。

> 我们经常看到，新合并的公司会启用新的评估和问责系统，而在合并之前合并各方不可能就这些举措取得董事会的支持和批准。

如果被合并一方拥有优异的客户服务技能，或者更完美的方法体系，或者更有效的管理模式，合并还可以带来另一项好处。这也是合并案中常见的好处之一。合并后的公司可广泛推广优势特征，原来较弱的一方也会因此受到较强一方的同化。

当然，较弱一方在合并之前也没有理由不去实施更好的工作方法——只是如果没有突如其来的危机事件，常常缺乏改变的动机。很遗憾，我所观察到的大部分专业服务公司之间的合并都是为了创造某种危机，以便推行重大变革。专业服务公司必须记住，推行变革的最佳时机很短暂——12 ~ 18 个月。如果在这段时间内没能建立起新的业务模式，那么通常就已经错失了变革的良机。

教训

尽管我上面喋喋不休地说了这么多合并的痛处，但我也的确相信合并对某些专业服务公司而言是明智的战略性举措。评判的原则不多，而且很简单。

首先，确保你专注于客户看重的事情。这意味着你应该着眼实务，打造新的专业能力。不要因为合并可能会带来市场营销方面的好处而受到迷惑。如果借助合并你可以在市场上提供新的或更好的服务，那么这种专业能力上的提升自然而然会得到市场的认可。如果合并可能带来的好处全部都与市场营销相关，那么你必须严重怀疑合并的必要性。

其次，专注于收购人才，而不是客户或者客户关系。因为跨业务线的销售机会常常充满变数，客户关系的价值远不比人的技能来得可靠。收购应当是一种获取人才或者方法和工具的途径，而绝非获取客户的途径。合并是一项

> 专注于收购人才，而不是客户或者客户关系。

长期性的举措，因此你应该更加关注合并对资产负债表和资产的影响，而较少关注对利润表的影响。

我们常说，专业服务公司之间的合并就好像一下子将数目庞大的不同领域的合伙人（以及他们的下属员工）聚合在一起。但是令人不解的是，我们经常看到尽职调查侧重于调查单个合伙人，而对所有合伙人作为一个整体的情形欠缺考虑！如果是这样的话，与其收购整个公司，还不如把一部分关键人员挖过来搭建新的业务线。这样，你不用支付额外对价，而且将新的团队整合到现有业务中也相对容易。这种方法起效慢一些，但是无疑也更不容易产生麻烦。

专业服务公司必须尽早地关注客户价值的问题，最好在刚开始有正式的合并谈判的时候就开始做打算。比较好的办法是把这项任务交给各个业务组，让他们制订行动计划，阐明在合并之后将如何进行专业能力的提升。不过，实际情况不尽如人意。合并谈判一旦开始，联合战略工作就面临停滞，为尽职调查和合并谈判等具体行政事务让步。只有当合并完成之后，促成合并发生的联合战略理论能否真正地得以实现才正式受到关注。而在像合并这样的重大事件中，你需要的可不仅仅是暂时性的假设！

结论：合并能否成功取决于以下事项能否实现。
- 你清楚地知道哪些客户受益于合并。
- 你清楚地知道合并会带来哪些好处。
- 你有直接的证据表明这些客户确实需要这些好处。
- 针对究竟如何为客户创造额外的价值，你有具体的计划。

如果以上都不是问题，那就去合并吧！

> 合并是一项长期性的举措，因此你应该更加关注合并对资产负债表和资产的影响，而较少关注对利润表的影响。

16

具有适应力的专业服务公司

常有人向我（专业服务公司的咨询师）询问各行各业的未来，让我预测专业服务公司将会变成什么样子。我通常都会拒绝回答这类问题。因为预测未来毫无益处，而且也没有切中要害。专业服务公司面临的战略性挑战不是预测未来，而是在看到市场发生变化（无论什么样的变化）时，有效地做出恰当的调整（或者应对）。让我们来看看行业中有哪些变化趋势。

- "成熟"服务面临收费压力。
- 合伙人和初级员工的流动性增大。
- 客户持续要求高度的专业化。
- 客户对咨询技能和专业技术的要求不断提高。
- 来自其他行业对人才的竞争（所谓"光环"褪去）。
- 专业服务公司内部服务更加多样化——对不同业务需采用不同的管理模式。

- 技术、研发和市场的投资需求增大。
- 客户越来越需要针对具体行业的专业技能。
- 市场的全球化趋势。
- 微型计算机技术的发展。
- 培训需求不断提高,并有所变化。
- 初级员工职场处世哲学发生改变。

值得注意的是,上面这份清单的编写时间是1982年——距离现在已经有些年头了。但是,如果我们现在重新来编写行业发展趋势清单,可能还会是这些东西。然而,纵然发展趋势变化不大,却很少有专业服务公司能够应对自如。例如,试问有多少专业服务公司能够做到以下事项:

- 针对收费压力,重新设计提供服务的方法,在质量保持不变的情况下缩减成本。
- 找到行之有效的方法帮助员工提升咨询技能。
- 有效实施技术战略,为客户实现更高价值。
- 制订专业化计划,让大部分员工各自专注于某一专业领域。
- 充分、有效地应对跨国公司客户进行跨境协调的需求。
- 针对人才市场的新形势,建立新的人力资源管理模式。

大多数公司在这些方面确实有所行动,却很少能取得实际进展。对于从1982年起就已存在的发展趋势而言,这样的进展显然是不尽如人意的!

大多数专业服务公司不是善于变革,正好相反,它们抗拒变革。传统的经营方式受惰性拖累,很少有专业服

> 大多数专业服务公司不是善于变革,正好相反,它们抗拒变革。

公司有意愿或者能力对公司管理模式实施重大变革。当然表面看来它们也在不断地尝试——找出重大变化趋势，昭告天下要实施宏伟的计划来应对这些变化，然而这些轰轰烈烈的全民运动往往在取得成功之前就偃旗息鼓了，又退回原来的老路。

在《魔鬼辞典》一书中，安布鲁斯·布尔斯对"计划"一词的定义是"获得偶然性结果的最佳方式"。某种程度上，专业服务公司的计划确实如此。大多数专业服务公司的计划都是徒劳无功，看不到结果。然而，专业服务公司也不全是毫无办法，任由不可预知的命运和狂怒随意摆布。志立则事成，在未来揭开它的面纱之时，你可以选择有备而来，也可以选择听天由命。正如路易斯·巴斯德所说，"机会是留给有准备的人的。"专业服务公司的计划之所以遭遇麻烦，大多在于这些计划充斥了各种愿景、目标和野心——换句话说，全都是我们想要做到的事，而缺乏我们如何才能做到这些事的办法。这让我想起了一句格言："傻瓜是重复相同的方法，却奢望得到不同结果的人。"

为什么要在不可预知的世界里制订计划呢？那是因为通过计划，你可以确保相关事务的管理方法让你更加灵活，适应性更强。很多成功的专业服务公司也会忽视这个关键点。正如进化论生物学家教导我们的那样，你越是适应当前的环境（即越是感觉舒适），就越不太可能适应环境的变化。

通过两手抓——对未来制订计划以及对当前的管理模式进行重审，专业服务公司能够更好地了解环境，尽早捕获环境变化的信号。它们也更能确保充分开展试验活动（或者试点项目）来验证新思路和新方法。专业服务公司应该时刻监测市场热衷什么以及对什么无动于衷。它们必须时常自省"有没有更好的办法来做我们在做的事情"，避免自满，不断自我更新。

专业服务公司常常对它们希望员工进行什么改变毫不含糊，但却怎么也想不明白什么样的管理体系可以促使员工进行这些改变。制订计划必然意味着启用新的、不一样的管理方法。很多专业服务公司都忽视了一个重要事实：如果不改变评价指标和奖励措施，那么你的战略就不算真正发生改变。如果你能准确地告诉我你评价和奖励的对象是什么，我就可以知道你的员工会做出怎样的反应，从而判断你的最佳战略是什么。因此，专业服务公司的计划必须阐明一个关键问题：为了促使员工自愿改变行为方式，我们应该怎样来改变现有的管理方法？

制订计划不是对未知的未来进行一次性、静态的预测，而是在不断地思索"我们（公司管理层）怎样才能做得更好"。在那些发展较好的组织机构中，这种自问自答式的探索已成为其日常的养生之道。

如果专业服务公司想要更好地应对它们已知的环境变化趋势，那么它们需要采用一种新的方法——一种旨在产生实际行动的方法。专业服务公司的管理方法必须以成为"快速反应组织"为目标，善于设计、测试和执行新的行为模式，以便在市场需求发生变化的时候，可以在竞争中胜出，更好地适应新的服务模式。

这意味着打造一个欢迎变化，而不是抗拒变化的组织。对很多专业服务公司来说，这将会对公司文化和管理模式产生深远的影响。一个反应迅速、适应性强、灵活的组织有着怎样的特征呢？专业服务公司（至少）需要在以下方面比竞争者胜出一筹。

积极了解市场

快速反应的专业服务公司会动用一切可能的途径时刻跟进市场变化，而不会浪费时间纸上谈兵。经证实有效的方法包括用户群、小组座谈、反馈意见调查、客户研讨会、拜访资深合伙人、正式的市场调查，以及有组织有计划地参加客户行业会议，以便听取新的观点、需求和要求。

很多专业服务公司在上述这些方面很少花费精力，如果有也只是偶尔的安排。而想要打造快速反应的专业服务公司，就必须大量地去做这些工作——频繁和系统地去做。每当我受邀在专业服务公司的会议上就"客户需要什么"发言，我的第一反应常常是问"你们最近问过客户这个问题吗？"

使用市场情报

如果只有少数专业服务公司能够充分地了解市场，那么能够有效使用搜集到的信息的专业服务公司更是寥寥无几。快速反应的专业服务公司会创造众多机会让专业人士聚在一起讨论客户当下感兴趣的话题。仅仅由计划委员会和执行委员会来讨论市场趋势，然后"呈上"讨论结果是不够的。每个办公室、每条业务线、每个行业分组也必须将这种形式的讨论会作为工作日常，而且讨论会必须以形成拟将执行的行动方案为目标。

专业服务公司必须对市场信息进行广泛的讨论。这是因为专业服务公司太大、分布太广、变化太多，因此不可能得出一个单一的应对方案。也不该由管理层划范围，挑出某些变化趋势，然后制订应对方案。

管理层的责任应该是确保每个业务组都在积极地收集市场情报，然后设计出可向客户提供的新服务。

提高创新的水平

太多专业服务公司用惨痛的经历告诉我们，追求宏伟的解决方案很容易导致分析瘫痪。（你的服务质量提升计划进行得怎么样了？）成功的诀窍在于，在公司制度的设计上确保其中的每个人、每个业务组不仅被鼓励，而且被要求去尝试新鲜事物。创新和战略必须来自基层——来自办公室、业务组、小团队。他们必须时常被问道"你们有什么新的发现吗？"以及（也许更加重要的是）"你们打算做的事情中有哪些是前所未有的呢？"管理层的职责是督促试验行动，鼓励创新。管理层必须给与资金支持，让小型研发活动遍地开花，而不是将大量的资金砸在那些看似宏伟的计划上。

我们在设计新方法时，很少假定新方法将会广泛应用于专业服务公司的整体范围。这种大范围的变革并不多见。原因在于如果从公司整体的角度出发，无论什么样的提议都会存在这样或者那样的瑕疵，尤其如果新的方法将在公司全体范围内永久实施，情况更是如此。因此关键在于不要去迷信永久性的、大范围的变革，而要更多地去关注处于初始阶段的试验性活动或者试点项目。我们可以去尝试什么新的东西？我们可以在什么地方进行测试？什么么时候以及如何才能知道从之前的试验中，我们学到了什

> 管理层的职责是督促试验行动，鼓励创新。管理层必须给与资金支持，让小型研发活动遍地开花，而不是将大量的资金砸在那些看似宏伟的计划上。

么？我们如何来分享我们探索的结果？只有这样我们才能战胜惰性，不断进步。

分享新知识

想要成为反应迅速、学习力强的机构，专业服务公司必须善于推广试验活动和试点项目的成果。如果员工创造出新方法体系、新模板和业务工具、新想法，对专业服务公司的智力资本有所贡献，那么公司必须给予嘉奖。很多专业服务公司在这方面做得不够，它们没有积极地在各办公室和业务组内推广最佳工作方法。

汤姆·彼得斯在《自由管理》一书中描述了麦肯锡如何来大力促进公司智力资本的建立和共享。一个人懂得的东西，其他所有人都能很便捷地了解到，这种知识管理制度是当下热议的话题，但是成功实施的案例寥寥无几。

> 帮助别人获得成功应该是对所有专业人士的首要要求。

帮助别人获得成功应该是对所有专业人士的首要要求。令人遗憾的是，现实中真正能做到的人少之又少，专业服务公司的学习能力也因此大打折扣。关于这个方面，可以从我经常进行的一项专业人士调查中看到一个很有意思的现象。在我提出的众多问题中，有一个问题得到的肯定答案最少，即"在公司里，业务开发做得好的员工会向其他人传授技能。"在大多数专业服务公司中，帮助别人成功是极为少见的。

个人成长的压力

如果专业服务公司想要对环境变化反应迅速且适应性强，那么其员工也必须如此。但是即使是那些表面上看起来成功的公司，也未必能做到这点。我们常常看到，在生物界中那些适应得最好的生物（即当前做得最好）适应变化的能力却最差（即不灵活）。专业服务公司中有太多的人安于现状——管好手头工作，看好项目，满足各种标准，却没有在不断学习和进步。快速反应的专业服务公司必须要求个人资产负债表上的个人资产在不断增长（即知识和技能）。要实现这一目标，公司管理体制（员工业绩评价和辅导）以及密切的交流互动（业务负责人的领导力）缺一不可。

管理行为

无论在专业服务公司层面还是在业务组层面，业务组负责人的行为方式都对打造快速反应机构至关重要。他们可能是变革的助力，也可能是变革的阻力。太多的情况下，管理者充当了刹车，而不是加速器。如果要为他们找借口（令人遗憾），他们比其他人更加在意短期利润表的表现，而不是长期资产负债表的表现。

管理层必须担当变革的领导者，而不是控制者。他们要善于鼓励新的想法，支持开展试验性的活动，还要愿意为那些想要尝试新鲜事物的员工提供种子资金。他们必须

> 管理层必须担当变革的领导者，而不是控制者。

表彰和保护那些第一批吃螃蟹的人——承担采用创新方法带来的风险。

自我评价

适应性强的专业服务公司在自我评价时，不仅应关注完成的工作数量，还要关注拿到的项目类型。我们有没有在做什么新的东西？从我们最近完成的项目中，我们有没有学到新的东西？或者我们是否只是躺在现有的知识和技能上吃老本？我们现在做的事情当中哪些是三年前未曾做过的？专业服务公司每年都应该考虑这些问题，而且根据问题的答案调整接下来业务开发工作的方向。

下一步行动方案

在下一次小范围的员工会议上试着问问以下问题：
- 过去，对那些我们已经了解、本应妥善应对的环境变化趋势，我们为什么没能做好？是什么原因导致我们没有做好？进行改变存在哪些障碍？
- 在以系统的方式跟踪市场变化方面，我们做得怎么样？我们可以制订怎样的计划来确保我们了解不同市场的各种要求和需求？市场希望我们进行怎样的改变？
- 我们怎样才能鼓励更多的试验性活动？我们如何能让更多的员工参与到创新活动中来？我们如何才能测试更多新的想法？
- 我们如何能促进新方法的共享？我们如何能确保在单个项目上的经验教训可以得到集中、分析、改进，然后予以推广？我们如何确保新的知识和技能可以在整个机构内部快速传播？我们如何鼓励员工贡献新的想法？
- 我们如何鼓励所有的员工为了个人成长不断努力？我们怎么做才能在关注短期财务表现的同时，更加关注我们资产的增长？
- 管理层在打造适应性强的机构中应担当什么样的职能？他们应该怎么做来促进发挥这种职能？他们应该怎样做，才能扫除阻碍发挥职能的障碍？

第三部分

（主要）关于你的客户

17

真正的专业人士如何进行业务开发

我们在之前提到，在专业人士试图勾起客户购买某项新服务的兴趣时，客户心里只有一个念头："为什么你想要卖给我这个？"

客户可能会得出两种结论：其一，你只是想要赚钱。其二，你真实地关注、关心他们，真诚地想要提供帮助。专业人士的推销能否成功取决于客户持有哪种想法。如果客户相信专业人士是真切地关心自己，在意自己，真心实意地想要帮助自己，他会很高兴购买相应的服务。销售的最佳方式不是去推销，而是去关心。专业主义精神是行得通的！

行业中的老话——"酒香不怕巷子深"，说的正是这个意思。我们必须意识到出色的服务不仅包括练就超绝的专业技能，还包括待客户以拳拳之心。"餐后甜点"就是证据：如果你的客户不会主动地向朋友推荐你，那么你的工作（或者服务）可能不像你想象的那样令人满意。而且，如果你尚不能在现有的客户中维持良好的口碑，那么又谈何开拓新客户呢！

17 真正的专业人士如何进行业务开发

如果你真心想要成功推广你的专业服务，那么你必须（严格按照顺序）做好以下五件事情。在完整细致地做好一件事情之前，不要去做下一件事情。

> 如果你的客户不会主动地向朋友推荐你，那么你的工作（或者服务）可能不像你想象的那样令人满意。

第一，询问客户如何能更好地为他们提供服务——他们希望你增强哪些方面，减少哪些方面。倾听他们的心声，变之为行动。不要错将"你还不错"当作是可以接受的答案。继续追问下去，直至他们告诉你如何才能得到"你太棒了"的评价。不断重复上述过程，直到你90%以上的客户都愿意为你出具书面推荐，并且你50%以上的新客户都来源于现有客户的主动推荐。

第二，加大对现有客户的投入，让他们看到你对他们问题的关注。与他们定期见面，讨论他们的业务；参加他们的内部会议；为他们提供免费的内部研讨会；阅读他们的行业杂志；以及乐于帮他们各种小忙。请注意以上不是简单地与客户一起娱乐和社交——这些也不错，只不过是次要的。首先要努力把客户的业务关系打理好，而不单单只是私人关系。

> 在确信你已经完全获得现有客户全部的最佳业务机会之前，不要花费力气去争取新客户！

以上努力不可懈怠，直到你甚至不用自己开口，就会自动得到绝大多数客户的新的业务机会。确实，现有客户是新业务的最佳来源，但是想要得到这些新业务，你必须愿意付出足够的努力，来维护与他们的关系。在确信你已经完全获得现有客户全部的最佳业务机会之前，不要花费力气去争取新客户！那些已经接受你的服务的客户才值得你的优先关注。这就是专业主义精神。

第三，如果业务推荐不能给你带来足够的新客户业务,回到第一步和第二步,确保你尽最大的努力完成这前两步。然后,想一想你愿意为哪些新客户提供免费服务。不是要你真的提供免费服务——只是假设如果不得不做,你会愿意为谁不计回报地提供服务。

为什么要有这么疯狂的想法?道理很简单!没有客户不想服务提供商们对他们热情似火,关心体贴,死心塌地,用情专一。如果你不愿意对他们热情似火,关心体贴,死心塌地,用情专一,那么你的市场营销投入必将无功而返。专业人士本来就应该要关心他们的客户,难道不是吗?不然,为什么去追求你不在意的人呢?你是一名专业人士,拜托!那就表现得像一名专业人士!

如果碰巧你拿到了某个客户的业务,而你对此热情不高,那么你将不得不在接下来的日子里为这样的客户服务,且他们的业务提不起你的兴趣。这真的是你要的吗?请记住市场营销的最终成果(即你拿到什么样的项目)将会决定你的工作满足感——你与什么样的客户共同工作,你面临什么样的职业挑战,你在工作中有多少乐趣等。

不要将市场营销定位于那些伸手可得的成果——要有一点梦想。现在就把你的梦想客户名单列出来,制订一个行动计划,去赢得这些客户。如果你还不太确定要不要这么做,那么扪心自问,你现有客户当中有多少比例是你真心喜欢的,你当前项目中有多少比例是能让你的脑细胞兴奋起来的。你对这样的比例感到满意吗?

第四,一旦你决定了要为什么样的客户服务(我指的

> 想一想你愿意为哪些新客户提供免费服务。不是要你真的提供免费服务——只是假设如果不得不做,你会愿意为谁不计回报地提供服务。

就是提供服务），你可以设计一系列活动让他们看到——不是空洞地去说——你对他们有特别的兴趣，你可以为他们带来价值，你愿意付出努力去证明你值得信任，以及去赢得他们的信任。

不要寄希望于广撒网钓大鱼，只是对广大的潜在客户给予泛泛的、没有针对性的关注，采用比如邮寄名单、宣传手册以及新闻推送等手段——这无异于站在街角叫卖。你应该比这更专业。你要为潜在客户提供更有用的东西，来证明你对他们的关注和价值：一篇文章、一场演讲、一份调查研究、一个新思路、一堂研讨会。潜在客户不需要无谓的吹捧。他们需要的是你拿出真凭实据，以此作为他们决策的依据。

第五，一旦潜在客户表露出对你的兴趣，你必须停止谈论你自己和你的公司。成功的市场营销不光在于你和你的能力，更在于你能否发现客户的需求。成功的诀窍在于倾听，不在于谈论。销售想要做得好，关键在于让客户向你倾诉他们的问题、需求、要求和顾虑。从接触的最开始，就要将你的潜在客户当成正式客户：积极回应、出主意、解释可选方案、普及专业知识。不要等到正式拿到项目你才开始提供专业帮助。你是一位专业人士——去证明这一点，从最开始就提供专业帮助。

> 不要等到正式拿到项目你才开始提供专业帮助。你是一位专业人士——去证明这一点，从最开始就提供专业帮助。

其他那些市场营销手段怎么样呢，比如宣传手册、新闻推送、公共宣传、广告？是不是被我给忘了？是的，我的确给忘了，你也应该这样。你可能想要在这些方面投入一些时间和金钱，但是如果你认为这些是你首要的市场营销手段，那么这将是致命的。当然，在新闻稿上推送公司名号并没有什么坏处，你的客户可能也需要将你的宣传手册放进他们的文档里，以作为尽职调查的资料存档。但是这些都只是次要手段。最好的市场营销手段（以及真正的专业主义精神）就是上面第一到第五步的做法。

好在专业主义精神和市场营销两者并不互相抵触：它们是一致的。它们的本质都是专注于服务和帮助别人。戴尔·卡耐基在《人性的弱点》中写道，如果你不再执迷于实现自己的目标，而是开始帮助他人实现他们的目标，那么你将会收获更多的乐趣和成就感。

18

发现客户需求

行业中导致质量问题的主要来源是客户和专业人士之间沟通不顺畅和存在误解。这种沟通不利的情况大多涉及"成功"的界定。专业人士认为他们十分清楚客户需要他们提供什么,但是实际上却与客户的真实需求(或者至少期望)有所偏差。

一个工程设计客户告诉我他们的经历:"曾经有一个阿拉伯酋长请我们去建一座桥,"他说,"我告诉他,他根本不需要建那座桥——从专业角度来看,我是对的。之后他去找了另一家竞争者。他们为他建了那座桥,然后他得到了他想要的荣耀。我既是正确的,又是错误的。理论上来说,他不需要建那座桥,但我其实没能了解他的真正意图。"

类似的状况在每个行业都有发生,有时事小,有时事大(根据我咨询工作的经验,阿拉伯酋长并不是唯一寻找面子工程的客户)。菲利浦·克劳士比在《质量免费》一书中将质量定义为"符合客户的需求"。根据这种观点,专业人士的首要任务是发现客户的真实需求——无论什么样的需求。

通往替代目标的其他道路

对每一个客户项目而言，成功完成任务可以有多种定义，相应地也存在多种执行项目的方法。首先是一劳永逸的做法——彻底地、一丝不苟地执行项目，试图一次性解决全部问题。这正是大多数专业人士倾向于采用的方法。在他们的概念中，这是客户所需要的。这种想法情有可原，但却令人遗憾。

举例来说，在帮助客户提升市场营销的成效时，你可能会说，"是的，我知道你需要做什么。按照行业重新进行分组，要求所有项目都进行客户反馈满意度调查，调整薪酬制度，让市场辅助人员增倍，为每一位重要客户制作背景调查简报……"即使以上部分建议是可取的，如果客户这样回应你也丝毫不足为怪——"嗯，原则上这些都对，但是我没办法购买这么多服务。你觉得为我们的员工提供销售培训课程怎么样？"

客户对成功有着不同的定义：快速见效的解决方案。他不想要 劳永逸的解决方案所带来的业务中断。他需要的是可以快速产生成效的方案，即使这些成效只是暂时性的。对这种客户，我想说的是，如果不改变激励制度来鼓励员工应用他们在培训中所学到的知识和技能，销售培训计划的效果将是有限的。我一定会让客户明确这一点。但是如果在我解释清楚之后，客户仍旧想要进行销售技能培训计划，那么我必须接受他的选择。试图说服客户去采用一劳永逸的解决方案只是徒劳。

实际上还存在其他可能的选择，适用不同的成功标准。客户可能想要以最低的前期成本来执行项目，即使在长期看来这样反而让总体成本更高。我有专业责任告诉客户这种方法的成本和风险，但是我不能告诉他们不要去选择这种方法。客户可能想要采用对经营和人员带来最少中断的方法，即使我认为如果他和他的员工能在所有阶段深度参与，项目会取得更好的成效。

问题不是从技术角度来看哪种方法最好。问题是在充分了解各种相关信息之后，客户自己的选择。作为一名专业人士，在这种情况下，你必须做好以下三件事情：

- 识别客户面临的所有选项，并向他们进行解释。
- 帮助客户了解每个选项下的风险、成本、优势和劣势。
- 对选择哪种方案给出你的专业建议。

如果做完以上三件事情之后，客户依旧想要选择你认为不太明智的方案，那么你只有两个选择：接受客户的意愿，或者拒绝参与项目。但是你不能（或者不应该试图去）强迫客户去接受你认为正确的选择。这不是专业主义精神。这是自负。

帮助客户自行决策

很多专业人士认为自己的角色是为客户采取什么样的行动方案给出具体建议。但是，有时客户想要自己进行决策，客户只是想确定他们已经考虑了所有方面的意见，而技术建议只是其中一环。这种情况下，专业人士最好是多听少说（有时甚至不说），帮助客户分析他们的问题，得出他们自己的结论。

如果我去看医生，我不想听他说，"好吧，我已经做出了诊断，你必须尽快截肢。我把你的手术安排在了明天。"我更希望听到医生说，"嗯——问题很严重，我会告知你所面临的选择。我要确定你了解每个可能的选择，以及每个选择的风险、成本、优势和劣势。但是出于我的职责所在，我必须明确告诉你我的专业建议——如果我是你，我会截肢。尽管如此，这是你的身体，所以你必须自己决定。"

按照这种观点，专业人士的职责是帮助客户了解可选方案，然后给出明确的建议。专业人士的职责不包括做出选择。那么这是否意味着专业人士应该一味地遵照客户的意愿呢？客观、独立、诚信和行业道德呢？显然，客户关于"成功"或者"质量"的定义并不一定都是对的，但同样专业人士的定义也不一定都是对的。专业的做法既不是不问缘由地接受指令，也不是直接告诉客户去做什么。双方必须进行商讨和沟通。

这不仅关乎职业道德，而且从自我保护的角度来看，我们也必须这么去做。如果我能让客户明确了解自己所选方案的局限性，那么相当于我已经合理管理了他们的期望，就有望达成他们期望的质量或者成功的标准。重要的是，双方充分且完整地探讨了所有可能的方案——而专业人士的价值很大程度上在于提出这些方案的能力。

显然，你不能只是对客户说"你想要做什么？"客户可能不知道他可以选择的方案。专业人士必须能提供给客户"要么……要么……"的选项。比如，每次接受邀请进行演讲时，我都会问："你们希望我涵盖很多议题呢，还

> 专业人士的职责是帮助客户了解可选方案，然后给出明确的建议。专业人士的职责不包括做出选择。

是希望最终能达成明确的行动计划呢？我们可以二选其一，但不可能在有限的时间里完成这两种目标。如果你们希望成本低一些，那么我只会完成演讲，不会就你们公司的具体情况发表意见。或者如果你们不介意提高预算，我可以充分了解相关信息，然后给予咨询意见。你们可以二选其一，但是你们必须衡量两种方法的利弊。告诉我你们最后的选择。"

我会与客户一同从头到尾地分析可选方案，从而避免生硬地给出最后的方案。然而，我会尽量小心管理客户关于所选方案下什么可能实现、什么可能无法实现的期待。我确保不会接受自己无法达到的成功标准（比如，在涉及多个领域的情况下达成各方一致认可的具体行动计划，或者在没有进行充分准备的情况下就客户的特有问题给予咨询意见）。

再次确认不明确的目标

那些通过招标方式赢得项目的专业人士往往认为他们不会存在这个问题。在招投标过程中，他们成功地提交了服务建议书，并被客户接受。因此他们常常会依据服务建议书中的工作计划开展实际工作。这几乎总是错误的做法。

专业人士很快会知道，项目永远和客户在招投标阶段所描述的情形不一样。比如，直到"恋爱期"结束，你才可能真正了解客户围绕项目存在的政治关系。在那之前，你只是外人——机密信息不能告诉你。只有当戒指套上了

> 项目永远和客户在招投标阶段所描述的情形不一样。比如，直到"恋爱期"结束，你才可能真正了解客户围绕项目存在的政治关系。

你的手指，你成为"自己人"，你才最终被信任，可委以真相。

处理客户的政治关系在专业人士的职业生涯中并不是偶然现象，而是家常便饭。极少的情况下客户只有一位负责人。更多的情况是，你必须与不同的人周旋，而他们分属不同阵营，背负不同的目标。因此，谈判不可避免，要明确什么属于你的职责范围，什么不是，而且你必须确保取得所有相关方的同意。出于自我保护，你必须将你遵循的项目成功标准形成文档记录。

一旦客户签署了合同，你的第一要务是去找客户，确认（再次确认）他对你的真实期望，以及如何来推进项目。如果你想当然认为最初了解到的信息已经包含了所有相关的具体信息，无数经验已证明这将是致命的。在合同签署之前，很多看似重要级别很低但是实际上非常关键的具体信息常常没有被提及。在项目进行过程中，你究竟要与客户组织结构中的谁进行联络？客户对沟通形式和频率的具体要求究竟是怎么样的？你究竟需要客户提供什么形式的信息，以何种方式参与项目？是否客户所有相关人员都了解并赞同最初定下的目标，或者客户内部是否仍然还存在意见不一致的情况？所有这些问题，以及其他更多细节，都需要讨论到，而且最好形成文档记录。

很多专业人士都会避免在客户关系刚开始建立的时候（即确认拿到项目时）要求召开这种"澄清"会，不想破坏恋爱期的美好氛围来讨论这些无趣的事情。然而，越是往后拖，就会在越长的时间里不能明确了解客户的真实需求，而这种不明确要么导致客户认为质量不佳（"你没有达到我的期望"），要么产生经济纠纷（"我不会为这个付钱，这不在我们约定的服务范围中"）。重新商讨"心理"合同甚至财务合同的最佳时机是你得知或者能够发现客户期望发生变化的第一时间。

变更服务范围十分常见

如果说在项目开始的时候你自认为已经了解客户的真实需求是一种错误的话，那么认为客户的目标会一直保持不变就更是一种灾难。随着你工作的开展，他们刚开始觉得只是阿司匹林的问题，最后可能变成必须进行重大手术的状况。不止一个专业人士跟我说，服务范围变更是他们面临的重大问题之一。但实际上这根本算不上什么问题，需要做的只是在最开始的时候保留记录完整、详尽明确的谅解备忘录，然后不时地就质量相关问题与客户进行跟进沟通，目的在于明确诸如以下问题：我们一切都顺利吗？你们是不是仍然坚持之前约定的快速见效的方案？沟通的程度是否足够？

显然，以上沟通的目的不仅是寻求反馈，监控项目执行质量，更重要的是，确保客户的目标和成功标准没有发生改变。质量问题必须要进行沟通、进行谈判，而且要贯彻始终。

所有人都清楚了吗

还有最后一点，也是非常关键的一点，不仅专业人士和客户所有相关人员必须就项目目标达成共识，而且所有项目上的人员都必须了解他们要在这个项目上实现的成功标准。

如果没有另行要求，项目组里的初级员工将会按照之前成功的项目经验完成自己的工作，而且认为事情本就该如此。太多项目组负责人在往下分派工作的时候没能就范围、格式、时间计划、最后期限以及不同子任务的重要性给予明确的指令。因此，如果他们在最后收到工作成果时觉得"这不是我要的"，也不足为奇。如果与客户的沟通不力是导致质量问题的首要原因，那么项目组内部的沟通不力就是紧跟其后的原因。导致沟通问题的原因也是一致的：没有对项目的具体质量要求进行充分沟通。

太多项目组负责人在往下分派工作的时候没能就范围、格式、时间计划、最后期限以及不同子任务的重要性给予明确的指令。

19

为什么跨业务线销售难以收到成效

几乎我接触到的每家专业服务公司都曾经,而且现在仍然会将跨业务线销售纳入他们的工作目标中——加深与现有客户的合作,拓展可提供服务的范围。但是这方面的成效却较为有限。即使有,也大都与系统化的跨业务线销售无关。导致这种显而易见的失败的原因很简单:专业服务公司推行跨业务线销售的方法不对。

谁是受益者

专业服务公司的传统做法是鼓励员工去告诉客户"我们还可以提供其他的服务",但是让人沮丧的是这通常收效甚微。因此,它们渐渐将无法成功进行跨业务线销售主要归罪于内部原因:各业务部门之间缺乏信任;员工太过保护他们个人的客户关系;或者激励制度导致员工更担心自己部门的收入,而不会花费精力去帮助公司的其他部门。

这些内部障碍确实存在，而且十分致命。但是导致以往跨业务线销售收效甚微的更重要的原因是，跨业务线销售对客户的好处甚少（如果有的话）。

显然，跨业务线销售对专业服务公司而言是大有裨益的：更多的收入，更牢固的客户关系。这些都是专业服务公司再三强调跨业务线销售的正当且有说服力的原因。但是，对专业服务公司有好处并不能成为充分条件。无论在哪个行业中，都有一条无一例外的铁则：如果你计划做的事情能真正为客户带来价值的提升，那么在创造额外价值的过程中，你也会受益其中。但如果你不能为客户带来额外的好处，只是你自己受益，那么几乎可以肯定这件事情做不长，最终必然以失败告终。

跨业务线销售能为客户带来什么呢？一般情况下，什么也没有。在跨业务线销售的传统方法中，专业服务公司为客户提供某项服务，然后试图让客户购买由公司另一组完全不同的员工提供的另一项（不同的）服务。但是客户在这个过程当中能得到什么呢，什么是如果不考虑第一项服务，他们通过正常途径选择服务商而无法获得的呢？如果执行项目的员工没有或很少重合，为什么客户要坚持选择执行第一个项目的公司来执行第二个项目呢？

如果说客户会因为专业服务公司在第二个服务领域内拥有出色的专业技能而受益，也不能令人信服。如果他们如此出色，那么在客户自行寻找符合需求的最佳专业服务公司时，他们自然能依靠自己的能力拿到客户的项目。这里需要的是一个理由，来说明如果使用同一专业服务公司

> 如果你计划做的事情能真正为客户带来价值的提升，那么在创造额外价值的过程中，你也会受益其中。但如果你不能为客户带来额外的好处，只是你自己受益，那么几乎可以肯定这件事情做不长，最终必然以失败告终。

多个部门提供的服务，客户将会获得除单个部门自身优势之外的其他好处。

都可能有哪些额外的好处呢？确实有一些是很可能实现的，其中最明显的包括：如果服务客户的第一个项目组对客户的业务有着深入的了解，然后他们将经验分享给第二个项目组，从而使得第二个项目组的工作更有效率或者更有成效，这样的话，客户确实可以受益其中。请注意想要做到这点，必须要求公司内部跨部门的团队合作。最初为客户提供服务的员工必须积极地帮助新的团队，从而达到为客户创造额外价值的目的。

因此，专业服务公司寻求的不应该是由其他员工来独立执行一个新的项目，而是一种共同执行的项目。专业服务公司不应该要求员工去推销其他员工的服务，而应看看有没有办法和其他业务线的员工共同来完成客户的项目。因此，传统的跨业务线销售（提供两种不同服务的团队之间不存在人员重合）和整合销售（多个业务线共同提供服务）之间存在本质区别。客户有可能从整合销售中获得额外的价值。"单纯的"跨业务线销售很难立得住脚，而整合服务极有可能获得成功。

值得注意的是，整合销售不仅能够为客户带来好处，还有助于消除前面提到的那些内部障碍。如果我被要求推销其他员工的服务，而我根本不会参与其中，那么我将会面临传统模式下员工会担心的所有信任和激励问题。但是，如果我要找的是后续性质的工作，其中不仅需要其他员工的服务，还需要我的参与，那么我的风险就会降低，而我就会有更直接的动机去进行销售。

为什么是你

即使我们假设专业服务公司找到方法使联合——不仅仅是额外的——服务能为客户带来价值，仍然还要扫除一些障碍才能最终赢得客户认可。专业服务公司必须组建专门的团队，专门负责现有客户的推广活动。很多专业服务公司都适时地聘请了客户关系合伙人来管理公司与关键客户之间的业务合作。它们还很聪明地从其他业务线指派了特定的员工加入团队，负责特定客户的市场营销活动。这些团队会制订客户服务计划，来促进与目标客户的合作关系。然而，还有问题。我看到非常多的客户服务计划并非真正关于提供服务——它们实际上是销售计划。问题部分出在这个词本身——跨业务线销售。

关于向现有客户进行销售，很多专业人士可能没能意识到，客户实际上希望我们来承接他们的后继项目。例如，有多少员工自愿（免费）参与客户的内部管理会议以提供专业意见？或者出于好意，免费为客户的内部研究发表评论？又有多少人表示愿意去争取下一个项目，而不是想当然地认为可以拿得到？所有这些问题的答案都是非常少。

不幸的是，专业人士普遍对客户的业务兴趣淡漠。作为最后一项测试，我常常会邀请专业服务公司的员工进行民意调查，询问他们中有多少人会定期阅读首要或者头两位主要客户的行业杂志。如果测试结果超过10%，这样的专业服务公司就已经算是凤毛麟角了。如果你不知道客户所在行业都发生了什么事情，那么你很难让客户相信你是真正地关心其业务。

一份真正有效的客户服务计划会包括一整套帮助员工更加深入、条

> 如果你不知道客户所在行业都发生了什么事情，那么你很难让客户相信你是真正地关心其业务。

理分明地了解客户业务的活动（请注意想要做到这点，只有合伙人是不够的。聪明的专业服务公司懂得如何利用初级员工、市场辅助人员和其他重要人员来为合伙人提供有关客户的最新业务情报）。一份良好的客户服务计划还会包括通过各种活动，在现有项目范畴之内或者之外扩大客户合同金额，深化与客户之间的合作关系。

举个例子说明如何能有创造性地加深对客户业务的了解。我们来看某些大型咨询公司的做法。每两周，所有在客户项目上工作的员工都要聚在一起，讨论各自（从最资深的合伙人到最初级的顾问）从上次开会——两周前——到现在都了解到什么有关客户业务的新信息。新员工很快就会明白，被派到某个客户项目时，他们有两项职责：完成他们的专业工作，以及尽可能地了解客户的组织结构。即使是最初级的员工也能很快知道，他应该与自己在客户组织机构中对应的联络人建立起联系，表达对客户业务的关注。这样的专业服务公司定然能在拓展客户关系方面收效显著。另外还有一项附带的好处，客户通常并不会反感这种关注，而是会感到欢迎和高兴，认为这是在意他们业务的表现。

然而像上面的例子实在太少了。除了当前项目相关的信息之外，太多的专业人士对客户兴趣不高。他们从来不会谈论客户的战略计划，从来不参加客户的内部会议，从来不阅读客户的行业杂志，但他们还指望客户能把更多的项目交给他们。

客户要什么

听起来有些矛盾，但客户实际上的确希望他们的服务提供商向他们推介其他可选的服务。在为不同行业的专业服务公司主持的众多客户会议中，我常常询问客户对外部服务提供商向他们推荐新服务有什么看法。答案几乎一致：客户告诉我，他们欢迎服务提供商提出新的想法，甚至他们对此还十分期待。他们确实需要外部顾问来提醒他们需要考虑的事情，但他们不希望的是动辄进行的强行推销。"如果你的公司提供的其他服务确实可以帮到我们，当然我会很乐意听你说。"一个客户说，"我们有着共同的利益——只要对我的公司有利就去做。因此，尽管告诉我你的这些想法，只是不要期待我每次都会购买你的服务。你是来为我提供服务的，不是来向我推销的，对吗？"

达成目标

说了这么多，还是有好消息的。跨业务线销售是可以行得通的。但是专业服务公司必须认识到，跨业务线销售就像是攻读博士课程——你必须完成多个里程碑，才有资格去尝试。

首先是学士学位的课程，即完成当前项目，不仅要让客户感到满意，还要让他们感到惊喜，让客户感觉到"他们不仅项目做得好，与他们一起工作还十分愉悦"。显然，除非你能让现有客户感到十分渴望再次与你一同工作，否则无论你如何努力地去争取他们其他的项目，都可能只是无功而返。这和近些年来热议的"客户服务和满意度计划"很类似。

接下来是硕士课程，即在客户关系维护上积极投入，让客户明确地感到你在努力地争取他们更多的工作，而且你也值得他们托付更多的工作。这里的重点是去投入，不是去推销。比如，我们有没有为客户的员工提供免费的内部研讨会？我们有没有自掏腰包特地进行研究，以便为客户提供有针对性的信息？

如果我们在当前项目上已经带给客户惊喜，而且明确地表示愿意在合作关系上积极投入，那么（仅当此时）我们可以找客户去说，例如，"根据对你们当前状况的了解，我们建议你们确实应该考虑 X。也许可以让我们公司这方面的专家合伙人和你们聊一聊？"令人遗憾的是，以往专业服务公司往往忽略了要让客户感到惊喜或超级开心这一点，然后，他们也省略了在客户关系上的积极投入，而只是直接去找客户问"你们想要购买一些别的服务吗？"当然，得到的答案只可能是"不需要，谢谢。"太多跨业务线销售计划都是从可以提供什么服务开始，然后试图把这些强推给客户。

想要达成目标，跨业务线销售必须从对客户业务的深入了解开始，包括对客户面临的疑难问题和事项进行专业性的了解，并及时跟进最新进展。如果是基于想要提供帮助的真实意愿，专业服务公司对客户略表要做些其他项目的忠心也无妨。

20

评价市场营销的成果

每当我问专业服务公司的员工他们用什么指标来衡量市场营销的工作成果,我最常听到的回答是:"如果收入增长了,我们就觉得我们取得了成效。"同样,每当我参加业务组的市场营销会议,他们也照样在讨论收入。这看起来合情合理,但是,我们应该注意到,用收入指标来衡量市场营销的工作成果是不够的(而且可能会产生误导)。

收入指标无法反映出专业服务公司市场营销的目标是(或者应该是)拿到更好的项目,而不是拿到更多的项目。除了拿到项目的数量,专业服务公司还应投入更多时间专门跟踪记录和监测拿到项目的质量。然而,很少有专业服务公司建立合理的制度来做这件事。

我说"更好的项目"是什么意思呢?新项目必须满足两

> 用收入指标来衡量市场营销的工作成果是不够的(而且可能会产生误导)。收入指标无法反映出专业服务公司市场营销的目标是(或者应该是)拿到更好的项目,而不是拿到更多的项目。

个条件才能算作更好的项目：利润表条件和资产负债表条件。

利润表条件

利润表条件本身很简单：如果新项目比公司以往项目的盈利性更高，那么就是更好的项目。这很简单，无须多费口舌。基本上，大多数专业服务公司都声称它们在决定市场营销工作的方向时会考虑盈利性因素。然而，现实情况往往并非如此。据我观察，很多专业服务公司采用的业务开发方法是"一有动静，就开枪"。或者换句话说，"从来就没有我们不喜欢的新项目"。

在市场营销的实际工作中，盈利性因素常常被忽视掉。市场推广人员通常对获得的每一次机会都紧抓不放，很少有人不是这样。毕竟，提高数量是市场营销的基本原则。不过，也有很多专业服务公司虽然在市场营销方面成效显著，但其合伙人人均利润最后竟然比之前还要低。接受能拿到的所有低利润项目也是一种可行的增长模式，但是我不认为这是成功的市场营销。

专业服务公司这么做通常出于多种原因，其中一个原因便是没有安全感。如果你对自己吸引和赢取好项目的能力没有信心，那么很容易解释你为什么会接受拿到的所有项目。当然，这也可能成为心理暗示，最终化作现实（我看到很多专业服务公司确实如此）。业务组忙于应付他们收到的每一个招标邀请，根本没有时间去争取更好的项目。如果你建议他们少去应付一些低利润和低利润率项目的招标邀请，把腾出来的时间投入其他更有成效的市场营销工作，他们会回答你："我们不能那么做！你是说去拒绝项目招标邀请吗？我们从来没有这么做过！"

导致这种行为的另一个原因是专业服务公司在给资深专业人士设置

的业绩指标中过度强调"拿到项目"（即市场营销的成功率）。拿到的项目越多，业绩看起来就越好。专业服务公司很少建立或设置相关制度来考问"这名员工拿到的项目的盈利性怎么样"。每次对薪酬制度进行数据分析的时候，我几乎都会看到，市场营销带来的收入额通常会与薪酬评价挂钩，但是对于项目的盈利性，要么根本没有设置衡量指标，要么设置了指标，却不与薪酬奖励挂钩。非常简单，专业服务公司的员工认为只要他们拿到了项目，就能够获得公司的奖励。项目盈利性的确是重要的指标，不过是次要目标。

在很多专业服务公司中，这并不是无意识的附带产物——它们确实相信所有的新项目都是好项目（尤其在经济低迷时期）。它们辩解说，必须让员工有活干，相对于员工闲置，接受盈利性不那么高的项目从经济角度出发也是可取的。这种观点无疑是一种短视思维。当然，低利润项目比没项目要好。但是还是那句话，这很难被称为成功的市场营销——接受能拿到的每一个项目不能打造出成功的公司。专业服务公司想要获得成功，必须要能拿到一定数量的高利润项目，而且必须建立相应的衡量指标对市场营销的成果进行跟踪记录。

还有一个问题。很多专业服务公司确实采用一些替代指标来衡量项目层面的盈利性，比如回收率（项目实际收费与标准费率之间的比率）。但是这个指标不够充分。高收费和高边际利润确实能带来利润，但是专业服务公司的股东或者合伙人同样可以通过承接低收费项目，然后提高

> 专业服务公司的员工认为只要他们拿到了项目，就能够获得公司的奖励。项目盈利性的确是重要的指标，不过是次要目标。

员工利用率（即下属员工人数与股东或合伙人人数的比率很高）来提高利润。为了有效跟踪记录市场销售的成效，专业服务公司必须建立成本记账系统来统计每个项目真实的（在考虑全部成本的情况下）利润率。只有这样，才能判断市场营销工作是否对公司增长有所帮助（相关信息请参看第 13 章）。

资产负债表条件

如果我们拿到了盈利性好的项目，那么我们的市场营销工作就应当是有效的，对吗？很不幸——不对！还有一道坎儿。我们还必须问，新项目是否有助于提升我们的技能，保持我们的竞争力。员工的工作可能是在吃老本（依赖或者利用现有技能、客户关系或者声誉），也可能是在建设资产（通过承担前沿的、创新的项目，创造机会发展新的技能，打造能够带来未来收益的新的、更牢固的客户关系，以及在新的领域或细分市场中树立口碑）。

市场营销到底能带来哪种类型的工作对专业服务公司能否取得成功至关重要。在一个年度中，无论是吃老本的项目还是资产建设的项目都能为专业服务公司创造较高的本年利润。但是太多吃老本的项目将会让专业服务公司陷入战略风险之中。技能和名誉会随着时间贬值，只有不断创造和建立新的技能、合作关系和声誉，才能让专业服务公司基业长青，经久不衰。

大多数专业服务公司都赞同这个道理，而且也打心眼儿里接受这种理念。然而,却极少有专业服务公司能够找到有效的方式将上述理念融入公司的管理模式中。有多少专业服务公司制定了正式、有效的制度来按照资产价值筛选和评估新业务机会呢?有多少专业服务公司从数量和质量两方面来定期审阅它们新项目的构成情况呢?答案是:比较少。

这些事情不难做到。可以按照以下方式将上述理念融入公司的管理流程中:每三个月左右,业务组(业务线、办公室、行业小组等)应该聚在一起,将上一季度他们新执行的项目列出来。还必须有项目组外的人员(一名管理合伙人或者其他团队的负责人)参加会议,担当友好的质疑者。

在会上,可按照图20-1的标准分别对每个新项目进行打分。实际上这相当于去追问"这个项目能为我们带来什么?"诸如"它为我们带来更多的收入,填满我们的工作时间"这样的答案也是不错的,只是我们不该满足于此。确实有些收入的质量更高,有些不那么高,专业服务公司必须对自己属于哪种情况实事求是。

该项目是否:
- 让我们学到了新的技能?
- 让我们与重要的新客户(声誉良好,有业务推荐的机会等)建立了联系?
- 让我们深化(而不仅是维持)了与重要的现有客户的合作关系?
- 和以前相比,让我们提高了员工利用率?
- 和以前相比,让我们可以收取更高的费用?
- 让我们与客户组织结构中的"更高层面"共事?
- 引领我们踏入新的行业?
- 带来与该客户的其他项目?

图20-1 评估项目的质量

当然,专业服务公司不希望这种审阅太过理想化,不是所有的项目都能提供建设资产的机会(毕竟,孩子是要吃饭的)。然而,如果绝

大部分的项目都处于收入质量较低的范围，那么显然无论收入增长如何，专业服务公司都还须在市场营销上加大力度。

对市场营销具体工作的指导同样也要按季度进行。也许在某段时间，你在寻找重要的新客户方面做得很好，但是忽视了深化与现有重要客户之间的合作关系。这种审阅会提醒和建议下一期间市场营销工作应着重哪些方面。

引入"第三方"作为友好的质疑者很有必要，这可以使得上述审阅过程成为切实有效的管理工具。如果由项目组进行自我评判，那么很容易导致对每个新项目都能找到合理的借口。你一定可以找到借口来佐证某个新客户"十分重要"，还有新项目"可以为我们提供学习新东西的机会"。"质疑者"的角色有利于剔除这些寻找合理借口的做法。

> 如果由项目组进行自我评判，那么很容易导致对每个新项目都能找到合理的借口。

必须强调的是，对项目质量的审阅不会意味着增加项目管理的会议时间。大多数专业服务公司会定期聚在一起讨论市场营销工作和成果。我所建议的只是团队从传统的讨论主题开始，然后加上资产负债表审阅，将其作为所有市场营销会议的固定环节。

这种制度运行一段时间之后，质量审阅不仅可以作为业务回顾的工具，还能作为潜在客户筛选流程的一部分，用来决定市场营销工作重心应转向哪里，以及哪些业务机会值得或者不值得花费力气争取。我强烈建议从常规的回顾流程开始，这样执行起来比较容易。实践证明，除了规模最小的那些专业服务公司之外，对潜在客户进行有效筛选确实是专业服务公司最难管理的流程。

市场营销数据

还可以通过一些关键的市场营销指标监测和跟踪项目的质量。下面我来举例说明。在说明每个指标之前，我都会先问一个相关的问题。

在你的收入当中，有多少比例无须额外努力便可延续到下一年度？ 当然，某些行业（比如审计或者精算）可能比其他行业更容易回答这个问题，但是这个指标对所有专业服务公司都是十分有用的。完整统计一下现有客户在下一年度能为你带来多少收入。

这确实只是一个估计数据，但是如果让每个客户的项目负责人来回答这个问题，将会引发他们深度思考，并且得出有关以下事项的结论：客户关系的牢固程度，客户业务的未来走向，以及你和你的公司为了确保收入的持续性必须要做什么事情。

按照人员工时计算，你的总体市场营销能力如何？ 这个问题很简单，但很多专业服务公司从来没有计算过。你需要统计的只是每个业务开发人员自行申报或者被分派的、愿意投入市场营销工作的、固定的（或者至少最低的）不计费工时数。

很多专业服务公司可以随时告诉你其市场营销的费用支出（毕竟这是钱），但是却说不出花费的工时数。可是实际投入的不是现金，而是工时数，这才是市场营销工作成效的关键。如果你都不知道你总体上拥有多少市场营销工时数，你怎么来管理市场营销工作呢？如果不能管理市场营销工作，你怎么能期盼市场营销的投入有所收获呢？

为了争取一个典型的业务机会，你通常会花费多少人员工时？ 很多专业服务公司对这个问题没有现成的答案。对此我时常感到不可思议。只有某些专业服务公司——属于特例——可以准确地回答为了尽可能争取某个具体的业务机会，每个员工和辅助人员所要花费的合理时间和支出。

监控这些数据的原因很明显：统计每个项目的市场营销投入非常有用，这样你既可以跟踪销售投入的回报率，又可以每时每刻都能清楚地知道接下来应该如何分配市场营销的资源。这个道理很简单，但它却经常被视而不见。

有多少比例的业务机会能够成功转化为正式的项目？ 同样，很多专业服务公司对这个问题的答案只能进行大概猜测。这也让我感到不可思议。在这方面做得最好的那些专业服务公司中，这些数据被进行详细的分析，不仅可以统计出成功和失败的项目数量，还可以显示出某位合伙人倾向于拿到哪种类型的项目。

例如，你拿到的业务机会的平均项目金额是多少，而你丢掉的业务机会的平均项目金额又是多少？你倾向于赢取较大规模的项目还是较小规模的项目，或者两者没有什么差别？与较小规模的客户相比，你是不是倾向于赢取较大规模的客户？你拿到和丢掉的项目中有没有行业倾向性？诸如此类的问题就像市场调查一样，可以让你清楚地看到你的市场地位和市场对你的看法。

你的平均项目金额是多少？ 由于小项目通常和大项目需要的市场营销的投入差不多，所以显然对市场营销而言存在规模效应。对大多数专业服务公司而言，实际情况确实也是，平均来说大型项目的盈利性较高。因此，"项目平均规模"是衡量市场营销成果的关键指标。

当然，你必须注意，不要自我欺骗。如果你的项目倾向于按阶段推进，那么你在选择衡量指标时必须小心谨慎。有些专业服务公司不是统计每个项目的收入，而是统计每个客户的收入总额，从而让数据表面上更好看。尽管有时候你不得不这么做，但是如果你有大量的小规模项目，或者很少有几个大规模项目，很不幸，这些表明你在市场营销方面的真实情况与表象很不一样。因此，统计（和关注）平均项目规模还是很有必要的。

你从客户处挣到的钱，占他们在你所属领域购买相关服务的总支出的多少比例？ 单个客户贡献的收入额是一个很有意思的数据。但是更有意思的是市场占比。你是他们众多服务提供商之一，还是最主要的（或者最不喜欢的）服务提供商？对此进行量化很棘手，因为你必须询问客户他们的总体预算是多少——你可能会感到惊讶，很多客户实际上很愿意告诉你大致的金额。

即使有时你不得不估算这个数据，问问自己有多少客户的行动能表露出它们将你视为主要或者首要的服务提供商也是有好处的。预计能可靠带来未来收入的客户关系应当被作为你最有价值的资产之一——对自己拥有的资产，你自然应该进行密切的跟踪记录。如果你还不能很好地掌握这个数据，这只说明你还需要继续反思你在市场营销方面存在的问题！

你的项目中有多少比例是以绝对排他、唯一选择的方式来取得的（这个有意思的市场营销数据与前面讨论的第一个统计数据有关）？这个比率可能是衡量项目质量的最佳指标。如果这个比率很低，那么意味着你在所属领域的市场上没有建立起区别化的定位，或者没能占据质量领导者的地位。或者换种说法：你获得的业务推荐的质量不高。对业务推荐而言，"是的，他们还不错，你应当考虑他们"与"除了他们之外，没有其他更好的选择"之间，效果差了十万八千里。

本年利润中，有多少比例来自于你以前年度提供服务的客户（这个指标对应的是重复项目比率，来自现有客户的收入比率）？如果新客户比率太高，你就会发现你在市场营销方面的投入超出了必要水平。

你的前十大客户当中，有多少比例是三年前或者五年前就排在前十名以内的？ 这是衡量你的客户保持率的另一种办法（因此你需要开拓新的客户）。客户保持率是很重要的指标，可以通过多种方法来进行衡量。

你的收入当中有多少比例来自于三年前或五年前未曾提供的服务？ 随着客户的要求不断提高，服务创新比率变得越来越重要。

我相信还有其他用来监测市场营销工作成果的比率可以用来衡量你的项目质量。找一个可以帮助你了解项目质量的指标。同时，请参看图20-2中的问题清单：关于你所在公司的项目情况，你能答出其中多少问题？

重复项目比率：在你的收入当中，有多少比例无须额外努力便可延续到下一年度？
市场营销能力：按照人员工时计算，你的总体市场营销能力如何？
投标预算：为了争取一个典型的业务机会，你通常会花费多少人员工时？
成功与失败比率：多少比例的业务机会能够成功转化为正式的项目？
项目规模：你的平均项目金额是多少？
市场占比：你从客户处挣到的钱，占他们在你所属领域购买相关服务的总支出的多少比例？
独占来源比率：你的项目中有多少比例是以绝对排他、唯一选择的方式来取得的？
新客户比率：本年利润中，有多少比例来自于你以前年度提供服务的客户？
客户保持率：你的前十大客户当中，有多少比例是三年前或者五年前就排在前十名以内的？
新服务比率：你的收入当中有多少比例来自于三年前或五年前未曾提供的服务？

图20-2　你在监测哪些市场营销数据

小结

在与世界各地的专业服务公司讨论这些问题时，我常常听到以下反对意见："大卫，咱们能实际一些吗？毕竟，经济形势不好，我们能拿到项目就已经是万幸了。但是你告诉我们还要挑剔项目的'资产价值'。这样的标准是不是不那么合理呢？"

我的回答是："不是的。"不可否认，在经济形势低迷的时候，专业服务公司可能需要接受按前述清单评价得分较低的项目，但在专业人士的职业生涯中存在着一个不争的事实：专业服务公司的未来取决于能否拿到资产建设的项目。

如果专业服务公司没有创建新的技能，深化现有客户关系，以及搭建新的客户关系，那么它的未来将岌岌可危。为未来提供成功保证的关键在于巧妙地管理市场营销工作，将资产负债表衡量手段融入时下主流的以数量为重的市场营销成果衡量体系。确实，市场营销比你原本想的要更加复杂、重要。

21

满意度保证

    克里斯托弗·哈特有一本了不起的重要著作——《非凡保证》(纽约：埃默康出版社，1993)，其中阐述了服务公司如何通过为工作提供明确的保证来获取竞争优势。哈特自己的咨询公司专注于处理质量问题。我们来看看他是怎样提供保证的："我们对客户提供百分百的服务满意度。如果客户对我们的服务不是完全满意，那么他们可以选择免单，或者只支付与满意度匹配的部分费用。"

    乍听之下，你可能会觉得这种做法不可思议、太过极端：专业服务公司为服务提供满意度保证？咨询公司（或者律所、会计师事务所或其他专业服务公司）的工作面临诸多不确定因素，确实不能保证什么。哈特的公司是不是承担了超常水平的风险？

    稍加斟酌之后，你就会觉得这种做法根本不是（或者不应该是）不可理喻。请注意哈特的公司并没有保证某个具体的结果（这是不可能做到的，也违背多项行业道德准则）——而是保证客户能够百分百地满意——这正是大多数专业服务公司宣称它们致力于实现的目标。

专业服务市场上充斥着各种追求卓越和质量的口号，但购买者对此却不买账。原因很简单：这些都不过是自我宣传和口号。如果专业服务公司有魄力提供无条件的客户服务满意度保证，敢于向市场说"不用听我说什么，你自己判断就好"，那么它便能够跳出市场上的这种怪圈。

我们看看还有没有其他出路。如果不提供保证，专业服务公司要怎么向客户说呢？"我们包您百分百满意，但如果我们没能做到，账您还是要付的！"先不去管这是不是符合道德准则，这样的经营方式真的很差劲——现实中这样做可是行不通的。在当今市场上，如果客户感到不满，无论高兴与否，你可能都不得不降低收费。但这应该不会让你感到惊讶或者忧心如焚，因为你的员工早就去查看了工时记录系统，统计了已完成的工作，与预计情况进行对比，并根据实际出账单或收到的金额对收费进行了调整。这种状况下的指导原则正如杰拉尔德·温伯格在《咨询的奥秘》（纽约：多赛特出版社）一书中所说的："如果他们不喜欢你的服务，别拿他们的钱。"

如果你认为提供满意度保证的做法是纸上谈兵、太过超前或者行不通，那么你应该去看看一些美国公司（如通用电气）现在的做法——它们购买法律服务时，要求附带预留尾款的条件。在这种方式下，律所按照正常的小时费率向公司发送账单，但是公司仅支付每张账单金额的80%（或者其他比例），将剩下的20%作为保证金。年终

> 专业服务市场上充斥着各种追求卓越和质量的口号，但购买者对此却不买账。原因很简单：这些都不过是自我宣传和口号。

> "如果他们不喜欢你的服务，别拿他们的钱。"

时，公司整体来看对律所提供服务的满意度如何，然后有权自行决定剩下的 20% 要支付多少。

这种制度不就是一种满意度的保证制度吗？通用电气的做法和哈特推崇的方法之间的区别在于，通用电气是将这种制度强加于外部服务提供商，而哈特则认为专业服务公司应当主动提议采用这种账单结算方式，通过愿意为服务提供无条件的保证来区别于其他竞争者。

如果现实情况是越来越多的客户要求账单必须体现满意度，为什么我们不正好充分地利用这一点呢？我可以告诉你，这么做的好处是实打实的：我有精算、咨询、法律和工程行业的咨询公司客户，通过提供保证，它们都拿到了原本拿不到的项目。

谁来决定价值

预留尾款和提供保证的账单系统都反映出价值与账单相关联的新趋势。其中，是客户而不是服务提供商，来决定其获得的价值水平。还有其他一些说法，但是基本原则是一样的。比如，被我叫作绩效账单的做法。

假定一家专业服务公司正在参加某个项目的竞标。他们被告知，虽然他们是中标方的首选，但他们的报价太高。那他们可以怎么办呢？当然，一种办法是退让和降价。还有一种办法是坚持初始报价，然后解释高额收费为什么是合理的。这两种办法可能都很难达到满意的结果。

试想我们这样来处理，"尊敬的客户，我们了解在我们没有完成项目之前，你的预判并没有实际依据。我们的收费是合理的。我们不会让你盲目地相信我们的承诺。但是，我们确信我们提供的服务的价值能与我们的收费水平相匹配。因此，我们建议如下：在项目执行期间，我们按照约定费用的75%向你出具账单。在项目结束时，你已经有依据判定我们工作的价值，你可以自行决定根据你的服务满意度，支付我们（最后的）尾款。鉴于我们承担了不利的风险，以及你有权决定最后支付多少尾款，我们能不能约定将实际收费总额定为原始报价的75%到125%之间呢？"

这种办法纯属用专业人士的敬业程度及满足客户需求的能力来打赌。我自己试过这种办法，可以说这确实帮助我拿到了我原本拿不到的项目；我也很乐意告诉你（到目前为止）我从来没被客户蒙骗过——我实际收到的报酬从来没有低于我的常规收费，而且有时候比常规收费更高。我有想过可能会被客户恶意欺骗吗？有的。但我会认为因上述收费方式额外拿到的项目足以弥补小概率事件带来的损失。

还有一个相关问题。我和你们一样，都是站在服务购头者的对立面。我曾经购买过一位老师傅制作的毛绒地毯。他的要价很高，因此我面临一个两难的问题。我既想要做工精良的产品，又想要尽快拿货，按照我期望的方式进行制作和安装。我想给老师傅一点激励，但是还没想好我到底要什么。如果我的激励是为了尽快交货，我又担心质量会下降。如果我想在制作过程中能加入我的一些想法（我确实有这么做），我又担心交货时间会延迟。

我怎么才能制定一个两者兼顾的激励措施呢？按小时计费让我觉得缺乏保障，而固定收费又没有激励效应。最后我采用的就是上面说过的办法：我告诉老师傅我会按他

> 这种办法纯属用专业人士的敬业程度及满足客户需求的能力来打赌。

的报价付钱，但是如果我觉得满意，我愿意在完工时额外支付 10% 的价格。我特意没有对"满意"进行严格约定，没有一堆客观的标准，也没有具体的目标。

结果令我十分满意。我不仅得到了制作精美的地毯，还在整个过程中享受到细致入微的服务：及时更新进展情况，询问意见，服务体验十分舒适。我用 10% 的额外报酬达成了一项交易：它减少了我的风险，消除了我对进度的顾虑，免除了我睡不着觉的痛苦。我不想像老鹰一样去盯着服务承包商，担心他们在什么地方偷工减料。老师傅实现了他的价值，而我也感到很满意。

上述体验揭示了有关客户如何看待服务报酬的一个重要的道理。我们常常会忽视：除要支付的服务报酬之外，客户其实还担心各种问题，比如不确定性、模棱两可、控制和风险。当客户同意接受传统的支付模式时（按小时计费），他们就相当于将服务收费的管理权交给了你。他们可能非常愿意为他们真正需要的服务支付高额报酬，但是，如果同意你对提供的所有服务都按照小时来计费，那么他们必须确信你会保持良好的工作效率，把项目管理妥当，不会把他们的钱花在不必要的事情上。

很明显，客户不相信他们的外部服务提供商总能把事情做好。正好相反：他们显然（有理由）相信除非进行严密的监督，外部服务提供商的工作效率让人堪忧，项目管理也难尽人意。因此，我们开始看到客户普遍要求提供预算、估算以及具体的时间和进度报告。所有这些不过都是为了在他们失去对专业服务账单的控制权之前，争取更多

> 除要支付的服务报酬之外，客户其实还担心各种问题，比如不确定性、模棱两可、控制和风险。

的控制。

从我买地毯的故事中我们可以看到，如果能够确信外部服务提供商与他们的利益完全一致，很多客户愿意支付比正常水平更高的报酬。当然，这和哈特的保证制度是一致的。还有什么制度比"你觉得高兴了再付钱给我"更能够实现利益一致、共担风险的目标呢？

让保证制度发挥功效

专业人士（或者专业服务公司）如何开始使用保证制度呢？哈特提示此处必须谨慎。他建议先精心挑选部分客户，在少数项目上试运行保证制度。实践证明，保证制度对新客户是最有用的，而且对专业服务公司更有价值，因为有助于它们拿到本来拿不到的项目。但是，专业服务公司还须理智对待，先在现有客户中测试这种制度是否可行。显然对同一客户，你不能只保证这个项目，不保证那个项目。一旦给予保证，一定是对该客户所有的项目都要提供保证。

同样，专业服务公司必须谨慎地判断拥有决定权的客户执行人。在客户管理层中，究竟谁是负责判断服务满意度的人？我还清楚地记得我曾经历非常混乱的决策过程，我实在没法保证让所有人都感到满意。然而，看清这个事实，不仅能够帮助我判断如何对服务进行收费，还能告诉我这种项目能不能接。

保证制度会迫使专业服务公司不得不仔细思考它想服

> 保证制度会迫使专业服务公司不得不仔细思考它想服务什么样的客户。

务什么样的客户。如果我必须相信客户会公正地支付服务报酬，我只会向我信赖的客户提供保证。保证制度可能不会带来业务量的增长，但是能够提高声誉，促进建立真正的合作关系。这样的结果真不赖！

最后，如果专业服务公司同意可以由客户来自主决定服务的价值，那么它们必须决定是分别判断每个项目是否采取这种收费模式，还是（像通用电气一样）将这种收费模式应用于某个客户所有的项目上。

除了上述问题之外，关于专业服务公司要怎么做才能成功推行客户决定服务价值的收费模式还是比较清楚的。它们必须确保在每个项目刚开始的时候，清楚地了解客户有什么需求、项目需要达成什么目标，以及如何达成项目目标，而且与客户就这些问题达成共识（请参看第18章）。对于尚处于建设期的客户关系而言，这些无外乎都是专业服务公司常规要做的事情，但是非常多的情况下它们的表现不尽如人意。

如果采用客户自主决定服务报酬的方式，那么专业服务公司（当然还包括其员工）在履行义务完成约定目标之外，更有动力遵循以下方式来提供客户服务：了解客户的业务；向客户汇报项目情况；在项目进程中适时引入客户参与，确保拿到客户批准等。几乎所有的专业服务公司在这些方面都是说得多做得少，而这些也不过都是客户已有的沟通要求。

新收费方式还要求项目负责人有效承担起项目管理的职责，确保项目组所有成员明确他们需要做什么，什么是很重要的（什么是不重要的），以及如何与其他同事有效地共同合作。这也都不过是所有客户已有的期望。

所有这些证明了一个不起眼但是十分强大的结论：如果你在上述这些方面已经做得很好（与客户关系牢固，互相信任，对明确的目标有共同认识，沟通顺畅，项目管理良好），你提供保证的风险将会很低——

你可以将你超高的质量水准转化为资产。如果你在这些方面做得不够充分，觉得提供保证会让很多客户服务收入面临风险，那么也许你做得没有你想象的那么好。

提供保证会督促专业服务公司实现它们宣称要达到的质量水准。如哈特所说，保证的作用在于获得市场营销方面的好处，而不是为质量问题提供（最后）狡辩的文字游戏。如果你真心想要成为市场上质量的领先者，为什么不少说空话，多做实事，把钱用到你嘴上说的那些事情上呢？

最后，如果你还有怀疑，我要告诉你：是的，我经常向客户提供保证——无条件地保证客户会对我的咨询工作感到满意！

> 是的，我经常向客户提供保证——无条件地保证客户会对我的咨询工作感到满意！